15876

LISTE ALPHABÉTIQUE

DE

PORTRAITS FRANÇAIS.

SAINT-CLOUD. — IMPRIMERIE DE BELIN-MANDAR.

LISTE ALPHABÉTIQUE

DE

PORTRAITS FRANÇAIS

GRAVÉS

JUSQUE ET Y COMPRIS L'ANNÉE 1775,

FAISANT LE COMPLÉMENT DE CELLE DE LA BIBLIOTHÈQUE HISTORIQUE DE LA FRANCE DU P. LELONG, CINQ VOLUMES IN-FOLIO.

DEUXIÈME ÉDITION,

REVUE, CORRIGÉE ET CONSIDÉRABLEMENT AUGMENTÉE,

PAR

SOLIMAN LIEUTAUD.

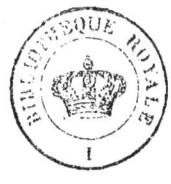

PARIS,

RUE PERCÉE SAINT-ANDRÉ DES ARTS, N° 11.

NOVEMBRE 1846.

1847

IMPRIMÉ A DEUX CENTS EXEMPLAIRES.

Numéro — [illisible]
Soliman

APERÇU

SUR CETTE PUBLICATION.

En publiant en 1844 la première édition de cet ouvrage, je m'étais borné à décrire seulement les portraits que je possédais. Quelques amateurs en ayant pris connaissance, et désirant que je lui donnasse plus d'étendue, ont bien voulu me communiquer les matériaux qu'ils avaient en portefeuille. C'est à leur concours que je dois un grand nombre de descriptions qui figurent dans cet ouvrage, et principalement à celui de M. J.-J. de Bure, qui possède la collection de portraits la plus nombreuse qu'un amateur ait encore réunie. Je saisis cette circonstance pour leur adresser mes remercîments.

Bien que ces matériaux fussent nombreux, je voulus encore les augmenter par des recherches dans les diverses bibliothèques de Paris. J'ai compulsé les collections qui se trouvent à la Bibliothèque royale, à celles de l'Arsenal, du Palais-Royal et de Sainte-Geneviève.

D'autre part, j'ai beaucoup acquis.

Je présente le résultat de mes recherches depuis deux ans passés.

Persuadé que je suis de n'avoir pas tout décrit, je dois croire que je laisse peu à désirer aux amateurs.

La première édition de cet ouvrage contenait la description de deux cent quarante personnages : cette nouvelle édition en contient à peu près mille. Il est peu d'articles de la première qui n'aient été augmentés, soit de notes biographiques, soit de la description de nouveaux portraits.

La Bibliothèque historique de la France indique qu'il y a eu trente-deux grands maîtres de Saint-Jean de Jérusalem, de Rhodes ou de Malte ; sur ce nombre elle n'en décrit que quelques-uns : j'en ai trouvé quarante et un. Ces omissions m'ont amené non-seulement à remplir les lacunes, mais encore à faire la description de tous.

Au mot MALTE on trouvera la description des grands maîtres, et à la lettre nominale la description de chacun d'eux.

Il en est de même pour les papes : beaucoup ont été omis, et ceux qui ont été décrits ne l'ont été que sous leur nom de famille. Plus connus sous leurs noms de papes, on en trouvera la liste au mot PAPES, et la description à la lettre nominale.

Dix-huit papes figurent dans cet ouvrage : seize sont nés en France ; les deux autres, INNOCENT V et JULES II, étrangers de naissance, y sont décrits, le premier comme ayant été archevêque de Lyon, et le second comme évêque de Carpentras et ensuite archevêque d'Avignon.

Robert de Genève figure dans cet ouvrage. Je ne le comprends pas dans la liste des papes ; il n'est pas reconnu comme pape *légitime,* quoique ayant porté le nom de Clément VII.

Au mot PROVENCE, je donne la description de vingt-six personnages qui ont été comtes ; j'en ai trouvé six seulement qui ont été indiqués dans la Bibliothèque historique : je les ai tous décrits pour ne pas interrompre l'ordre chronologique.

Je trouve aussi la description de quelques dessins possédés par la Bibliothèque royale, ou dans le cabinet Fontette. Ayant découvert les gravures de divers personnages, j'en ai fait mention pour mettre l'amateur à même de se les procurer.

Le premier portrait d'un personnage ayant été gravé avant ou en 1775, et ayant été reproduit depuis par la gravure ou la lithographie, l'insertion de ces dernières productions m'a paru obligée.

Je me suis étendu autant que possible sur les

titres, les professions ou la position de chaque personnage pour en faciliter la classification à chaque amateur.

Les amateurs envisagent une collection sous divers points de vue. L'un fait la localité, un autre les astronomes, un troisième les imprimeurs et libraires, etc.; ils s'emparent d'un personnage sous ces divers rapports.

BEAUMARCHAIS, né à Paris, homme de lettres, auteur dramatique, diplomate, inventeur d'une nouvelle espèce d'échappement pour les montres; excellent musicien, il s'appliqua à rendre le mécanisme des pédales de la harpe plus parfait. Il était passionné pour cet instrument. Après la mort de Voltaire, il acheta tous ses manuscrits, établit à Kell une imprimerie considérable, fit imprimer beaucoup d'ouvrages, et particulièrement ceux de Voltaire. C'est lui qui les réunit le premier en corps.

Son portrait convient à l'amateur qui fait le département de la Seine, un second s'en emparera comme horloger, un troisième comme musicien, un quatrième comme imprimeur, etc.

Le cardinal de LA ROCHE-AYMON appartient par sa naissance au Limousin.

A la série des cardinaux, comme cardinal.

Au département des Hautes-Pyrénées, comme ayant été évêque de Tarbes.

A la Haute-Garonne, comme archevêque de Toulouse.

A l'Aude, comme archevêque de Narbonne.

A la Marne, comme archevêque de Reims.

A Paris, comme abbé de Saint-Germain des Prés.

CHAUMONT DE LA GALAISIÈRE a été intendant à Montauban, en Lorraine et en Alsace : il appartient à ces trois localités.

Le texte qui se trouve sur l'encadrement ou au bas d'un portrait est souvent fautif ou incorrect : je l'ai décrit tel qu'il est.

Le but de cet ouvrage est de compléter la liste de la Bibliothèque historique de la France, quant aux PERSONNAGES oubliés, en me renfermant dans l'année 1775.

Il intéresse particulièrement les personnes qui possèdent la Bibliothèque historique de la France ;

Les familles qui recherchent les portraits de leurs ancêtres ;

Les artistes pour leurs compositions ;

Les amateurs ;

Les collecteurs d'autographes ;

Et les marchands.

ABRÉVIATIONS EMPLOYÉES.

B. A.   pour bibliothèque de l'Arsenal.
B. P. R. pour bibliothèque du Palais-Royal.

B. R.   pour bibliothèque royale.
B. S. G. pour bibliothèque Sainte-Geneviève.

Elles servent à indiquer les portraits rares qui ne se trouvent que dans ces divers établissements.

AUTRES ABRÉVIATIONS.

D.   pour dirigé.
dr.   pour droite.
g. ou ga. pour gauche.
D. à dr.   pour dirigé à droite.
D. à g.   pour dirigé à gauche.

Lith.   pour lithographie.
N. indique que le prénom d'un personnage est inconnu, ou que le nom de l'artiste qui a gravé ou lithographié un portrait est également inconnu.

Les diverses abréviations employées par le peintre, le graveur ou l'éditeur sont assez connues pour qu'il ne soit pas nécessaire de les rappeler ici.

LISTE ALPHABÉTIQUE

DE

PORTRAITS FRANÇAIS.

A

ACHEY (Claude d'), archevêque de Besançon, prince du saint-empire.

Petrus *Loisy* fecit. In-4.

ADHÉMAR DE MONTEIL (Louis), comte de Grignan, lieutenant général en Provence.

Dessin in-fol. à la pierre noire. B. R. Collection des chevaliers du Saint-Esprit.

AGINCOURT (Mme Seroux d').

1. J. *Houel* del. et sculp. In-4, de profil à g. Au bas ces vers :

Son cœur est pur, son âme est belle,
Elle est douce, tendre et fidelle.
La nature en formant D........
Epuisa tous les traits de l'amour.

2. Par le même. In-4, avec quelques changements dans l'entourage. Les deux derniers vers ont été remplacés par ceux-ci :

Voici le trait qui la peint bien :
Elle est parfaite et n'en sait rien.

3. N. In-8, de profil à dr., dans un ovale. Dans ses cheveux on voit une aigrette et des fleurs; son sein est orné d'un bouquet.

AIGREFEUILLE (Faidit d'), né en Limousin, évêque de Rhodez en 1361, d'Avignon en 1365, et abbé de Montmajour, créé cardinal en 1389, par *Robert de Genève.*

N. In-4, dans l'Histoire des cardinaux françois de *Duchesne.*

AIGREFEUILLE (Guillaume d') l'aîné, né à Fontaine-en-Limousin, entra dans l'ordre des bénédictins dans l'abbaye de Beaulieu au diocèse de Limoges, fut élu prieur conventuel de Saint-Pierre d'Abbeville, fait protonotaire apostolique par Clément VI, archevêque de Sarragosse, puis cardinal en 1350, mort à Viterbe le 3 octobre 1369.

N. In-4, dans l'Histoire des cardinaux françois de *Duchesne.*

AIGREFEUILLE (Guillaume d'), né à Fontaine-en-Limousin, trésorier de la trésorerie de Susy, prieur de Saint-Georges de Gannay, *cardinal,* puis évêque de Sabine.

N. In-4, dans l'Histoire des cardinaux françois de *Duchesne.*

AISSÉ (Mlle), esclave circassienne amenée en France, à l'âge de quatre ans et demi, par M. le comte de Ferriol, ambassadeur à Constantinople, morte à Paris en 1733, âgée de trente-huit ans. Elle est auteur de lettres imprimées pour la première fois en 1806.

F. *Wexelberg* sc. In-12.

ALBERT ou AUBERT (Etienne). V. Innocent VI.

ALBERT (Honoré d'), seigneur de Luynes, chevalier de l'ordre du Roi, chambellan du duc d'Alençon, gouverneur de Beaucaire, Château-Dauphin, Pont-Saint-Esprit, Bourg-Saint-Andéol et de Boulenne en 1573, colonel des bandes françoises, surintendant et commandant général de l'artillerie en Languedoc et en Provence en 1575, mort à Melun en 1592. Il y fut enterré.

N. In–8, D. à dr. Au bas six lignes de texte.

ALBON (Guigonne d').

N. Très-petit portrait dans la chronologie collée.

ALENÇON (Philippe d'), né en Normandie, successivement évêque de Beauvais, archevêque de Rouen et d'Auch, patriarche de Jérusalem et d'Aquilée, créé cardinal, puis évêque de Sabine, d'Ostie et de Vélitre, le 18 septembre 1378, par le pape Urbain VI, mort à Rome le 15 août 1397, doyen du sacré collége.

1. N. In–4, dans l'Histoire des cardinaux françois de *Duchesne*.

2. N. En petit, D. à dr. Au bas, on lit : *Philippe d'Alenson*.

ALLAMONT (Jean, seigneur d') et de Malandry, baron de Busy, etc., prévôt de Montmédy.

Natalis fec. In–8.

ALLEAUME (Jac.-Lud.), fac. med. p. decan.

Ingouf sc. In–32, médaille et revers.

ALLEMANT DE MONTMARTIN (Ennemont), évêque de Grenoble.

Bonno pinxit. A. *Leclerc* fecit. Lugd., in-fol.

ALMERAY (N.), chef d'escadre vers 1670.

G. *Audran* sculp. In-fol.

Le personnage D. à dr., regardant de face, est dans une bordure ronde formée de feuilles de laurier, les noms du graveur sur la face du support, à dr. des armoiries.

AMBOISE (Pierre d'), évêque de Poitiers et abbé de Saint-Jouin de Marne, mort le 1ᵉʳ septembre 1505.

Dessin in-fol. à la pierre noire, B. R.

AMBOISE (Emery ou Aymeri d'), quarantième grand maître de Malte, frère du cardinal Georges d'Amboise, élu grand maître de Malte en 1503, mort en 1512, âgé de soixante-dix-huit ans.

1. Ph. *Thomassinus,* in-fol., sur une feuille, avec Zacosta, J.-B. des Ursins et P. d'Aubusson, D. à g., de trois quarts.

2. N. In–8, copie à dr.

3. N. In–8 de trois quarts à g. dans un rond à claire-voie. Au bas, seize lignes italiennes finissant par : *generali*.

4. *Cars* sculp. In-4.

5. N. En petit sur une feuille à 56 publiée en Italie.

ANCHER PANTALÉON, frère du pape Urbain IV, né à Troyes, archidiacre de Laon, puis cardinal.

1. N. In–4, dans l'Histoire des cardinaux françois de *Duchesne*.

2. N. In–8, copie en sens opposé dans l'Histoire des cardinaux de l'abbé *Roy*.

ANEAU (Barthélemy), poëte, né à Bourges, fut nommé en 1542 principal du collége de la Trinité à Lyon, où il fut assassiné par les catholiques le jour de la Fête-Dieu de l'année 1565.

Woeiriot sc. In–8. Le personnage D. à dr. est dans une bordure ovale, entourée de divers emblèmes ; il tient dans ses mains une couronne de laurier. Au bas, six lignes ; la dernière est formée des mots : *amico fa*.

ANGLE (Jean-Maximilien de l'), pasteur de l'église de Rouen, âgé de soixante-deux ans.

P. *Lucas* pinxit ; H. *David* sculpsit, 1653, in-4.

ANGOT (Robert), sieur de l'Esperonnière, poëte.

Petrus *Firens* fecit. In-18.

Ce portrait est dans le Prélude poétique ; le personnage D. à dr. est dans une bordure ovale, autour de laquelle on lit : ΠΙΣΤΙΣ ΟΥΤΩΙΣ ΕΥΔΟΚΙ MEIN *ætatis suæ* 22. Au bas ces vers :

> Caen fut le lieu de ma chère naissance,
> Phébus poussa mes espris ici-bas :
> Puisse à jamais vivre après mon trépas
> Mon âme au ciel, et mon nom par la France.

ANJOU (Louis Iᵉʳ, duc d'), roi de Naples.

N. In–8, dans *Montfaucon*.

ANJOU (Louis II, duc d'), roi de Naples.
N. In-8, en pied dans *Montfaucon*.

ANJOU (Marguerite d'), fille de René d'Anjou, roi de Naples, née le 23 mars 1429, épousa à Nancy, en 1444, Henri VI, roi d'Angleterre; elle mourut le 25 août 1482.

1. Ad. *Van der Werf,* p. P. à *Gunst* sc. In-fol.
2. *Sergent,* del 1787; *Ridé* sculp., in-4.
3. *Sergent* del *Landon,* direx., in-12.

ANTOINE (J.-D.), architecte.

L. R. *Trinquesse* delineavit. L. S. *Lempereur* sculpsit. In-4.

ANVILLE (Jean-Baptiste Bourguignon d'), premier géographe du roi, né à Paris en 1697, mort en 1782.

1. B. *Duvivier* delin. A. *St-Aubin* sculp. In-4.
2. *Duvivier* sc. *Landon* direx. In-8.
3. *Legrand* lit. In-4.

APS (Ermangard d'). V. Daps.

ARLENSIS (Don Petrus), de Scudalupis M. B. O., chevalier de Malte, auteur d'un ouvrage intitulé : *Sympathia septem metallorum,* etc. Paris, 1610.

1. Thomas *de Leu* sculpsit. In-8.
2. N. In-8, copie du précédent. D. à g.
3. N. En petit, les noms en latin au bas.

ARMAGNAC (Mlle d').

Chez A. *Trouvain,* en pied. In-fol.

ARNAUD DE VILLENEUVE, médecin, né dans la Gaule narbonnoise, mort sur mer au commencement du xive siècle.

1. N. In-8, dans Jean *Imperiali.* Au bas ces deux lignes :

Arnaldus | Villanovanus.

2. De *Larmessin* sc. In-4.
3. Mlle Cl. *Reydellet* del *Beyssent* sc. In-8.
4. N. En petit, D. à g. Au bas ces deux lignes :

Arnoldus de Villanova | Medicus celeberrimus.

5. N. En petit, avec onze autres personnages dans le titre. In-4. *Symbolæ aureæ,* etc., authore Michaele Maiero, etc. Francfurti, mdcxvii.

ARNAUD D'AUX, né en la ville de la Roumieu (Gers), nommé évêque de Poitiers, en 1307, par Clément V, et cardinal en 1312, légat en Angleterre en 1313, mort en 1327.

1. N. In-4, dans l'Histoire des cardinaux françois de *Duchesne.*
2. L.-G. H.....z. In-8, copie pour l'Histoire des cardinaux de l'abbé *Roy.*

ARNAULD (Mre Antoine), père des Arnaulds, illustre famille, célèbre avocat, mort en mdcxix, âgé de lxix ans.

N. Chez *Daumont,* in-8.

Les titres ci-décrits sont autour du médaillon. Sur la face du support on lit ces vers :

Passant, du grand Arnauld revere la mémoire,
Ses vertus à sa race ont servi d'ornement,
Sa plume à son pays, sa voix au parlement,
Son esprit à son siècle et ses faits à l'histoire.

De chaque côté du support on voit un livre; sur la tranche de celui de gauche on lit *plaidoïé,* et sur celle du livre de droite, *jésuites.*

ARNAULD (Antoine) de Pomponne, abbé, commendataire de l'abbaye de Saint-Pierre de Chaulmes.

Chez *Bonnart,* in-fol., en pied.

ARTAUD (Guy), prêtre, docteur en théologie, archidiacre et chanoine d'Angers, âgé de cinquante-six ans en 1666.

N. In-4, D. à dr. dans un ovale.

ARTOIS (Jean d'), fils de Robert d'Artois.

1. N. Buste. In-8, dans *Montfaucon.*
2. N. In-8, en pied dans *Montfaucon.*

ASSAS (Louis, chevalier d'); capitaine au régiment d'Auvergne, né en 1733 au Vigan, département du Gard (Languedoc), tué à Clostercamp dans la nuit du 15 octobre 1760.

1. *Dupin* sc. In-8.

2. P. E. *Gay de Brie,* P. *Moret* sculp. In-4.

3. *Palloy* sc., 1790, in-fol. Petit buste qui surmonte son tombeau.

ASSONVILLE (Christophe d'), conseiller du roy catholique, natif d'Arras.

1. Johan *Wiricx* fecit 1591 et 1604. In-8.

2. N. In-18, sur bois, dans la Chronique d'Opmeer.

AUBERT (Henri), Henricus Aubertus Paris. V. I. D. et in supremo senatu Galliarum advocatus Guillelmi picc. Massoniarum domini ac. reg. cogn. in. sup. vel. cur. tr. filius. N. 1565. 8 kal. marti. Jac. *Quesnel,* P. Tho. *de Leu* f. In-8.

AUBUSSON (Pierre d'), trente-neuvième grand maître de Malte, né dans la Marche en 1423, grand prieur d'Auvergne, élu grand maître en 1476, créé cardinal du titre de Saint-Adrien par le pape Innocent VIII, mort à Rhodes en 1503.

1. N. In-12, sur bois, en cardinal.

2. Ph. *Thomassinus,* sur une feuille in-fol., avec Zacosta, J.-B. des Ursins et P. d'Amboise.

3. N. In-8, de profil à g., en cardinal, les noms en latin autour, le fond extérieur marbré.

4. N. In-8 de trois quarts à dr., dans un rond. Au-dessous dix-neuf lignes en italien ; le mot *generali* forme la dernière.

5. N. In-8, dans un écusson. Au-dessous :

Sanguine Turcarum romano an clarior Ostro ?

6. P. *Sevin* del., Et. *Gantrel* sc. In-4, en pied.

7. *Sevin* del., L. *Cossin* fec. In-8 oblong.

8. *Sevin* del., H. *Cossin.* In-8. Petit buste au haut d'une colonne, couronné par des anges. Les nᵒˢ 6, 7 et 8 se trouvent dans l'Histoire de d'Aubusson, par le P. Bouhours, 1676.

9. *Cars* sculp. In-4.

10. Petit portrait sur une feuille à 56, publiée en Italie.

AUDIBERT DE LUSSAN (Jacques-Louis d'), né en 1703 au château de Bain-sur-Bain, diocèse de Viviers, nommé en 1743 archevêque de Bordeaux, primat d'Aquitaine, sacré le 22 avril 1744.

J. *Restout* pinxit 1749. J. *Tardieu* sculp. In-fol. major.

AUMONT (Charles d'), abbé d'Uzerches et de Longvilliers, mort en 1695.

Lenfant del. et sculp. 1654. In-fol., dans un encadrement octogone ; le personnage est D. à dr.

AUMONT (Louis-Marie d') de Rochebaron, duc d'Aumont, pair de France, fils de Louis, duc d'Aumont, et d'Olympe de Brouilly, marquise de Piennes, né à Paris en octobre 1691, premier gentilhomme de la chambre, qu'il représenta au sacre de Louis XV, étant duc de *Villequier,* titre qu'il porta d'abord ; fait brigadier le 1ᵉʳ février 1719, gouverneur de Boulogne et pays boulonois, devint duc d'Aumont et pair de France le 17 janvier 1722, par la démission de son père. Il mourut à Paris le 5 novembre 1723.

N. In-fol. en pied, pour le sacre de Louis XV, étant alors duc de *Villequier.*

AUTRICHE (Léopold, archiduc d'), évêque de Strasbourg, etc.

1. *Crispin de Pas* sc. In-8.

2. F. *Brun* fec. In-4.

3. H. *Jacopsen* exc. In-4.

4. N. In-4. Au bas quatre vers latins qui commencent par EN *tibi* et finissent par *chori.*

5. N. Petit-in-4. D. à dr., les noms et titres en latin sur la bordure et répétés au bas en hollandais.

6. Hieron. A. *Kessel* pinxit, Raphaël *Sadeler* sculpsit, 1609. In-4.

7. N. In-fol. à cheval. D. à dr. Au bas trois lignes, commençant par reverendiss. et finissant par gor, etc.

AUTRICHE (LÉOPOLD-GUILLAUME, archiduc D'), évêque de Strasbourg, né en 1614 à Neustadt, mort en 1662.

1. *Wolffgang Kilian* sculp. Petit in-4.

2. *Moncornet* ex. in-8.

3. Peter *Aubry* excudit. In-8.

4. Chez *Daret* 1652. In-4.

5. *Krafft* fecit. In-fol.

AVED (JACQ.-ANDRÉ-JOS.), peintre, né à Douay le 12 janvier 1702, mort à Paris le 4 mars 1766. Pinx. *Aved,* 1727, G. *Benoist* sc., 1762. In-fol.

B

BABICHON. V. SAUVAGE.

BACHELIER (P.-SIMON), de l'ordre des minimes, né à Reims, élu vicaire général de son ordre à Gênes en 1625, et général à Barcelone en 1629.

N. In-8. D. à dr. Au bas ces trois lignes :

P. SIMON BACHELIER Gallus Rhemensis Prou* Campaniæ Electus Vicarius Gnalis Genuæ 1625, et Gnalis Barchinone 1629.

BADIUS (JOSSE), professeur de langue latine et grecque à Lyon, ensuite imprimeur à Paris, né en 1462, à Asche, dans les environs de Bruxelles, mort à Paris en 1535.

N. In-8. De la collection de *Rothscholtz*.

BAILLEUX (MAGDELEINE-ELISABETH), femme de Nicolas Baillet, etc.

N. Sc. In-4, dans un médaillon rond. Au-dessous six lignes; la première commence par les prénoms, la dernière finit par 12 juin 1764.

BALBEN (AUGER DE), deuxième grand maître de Saint-Jean de Jérusalem, gentilhomme du Dauphiné, ancien compagnon d'armes de Raymond du Puy, élu grand maître en 1160, mort à Jérusalem en 1163.

1. Ph. *Thomassinus,* sur une feuille in-fol., avec Gérard Tum, R. Dupuy et A. de Comps. Il est de trois quarts à g., il porte le numéro 3.

2. Copie en sens opposé.

3. En petit, sur une feuille à 56, publiée en Italie.

4. N. In-8, de trois quarts à g., dans un encadrement rond. Au-dessous quatorze lignes italiennes, finissant par 1167.

5. *Cars* sculp. In-4.

BALECHOU (NICOLAS), célèbre graveur, né en 1719 à Arles (Bouches-du-Rhône), mort le 17 août 1765 à Avignon (Vaucluse).

Peint par J. *Arnavon,* chanoine à Avignon; gravé par L.-J. *Cathelin.* In-fol.

BALLAND D'AUGUSTEBOURG (JEAN-FRANÇOIS), marquis de Varambon, baron de Richemond, seigneur de la Palu, etc., ancien capitaine de cavalerie et commandant des milices du port de Paix, dans l'île de Saint-Domingue.

F.-G. *Colson* p., P.-Car. *Levesque* sc. In-fol. major.

BANDIERI DE LAVAL (M.-J.), maître à danser des enfants de France et de Mme la Dauphine, directeur de l'académie royale de danse et maître des ballets du roy.

Drouais pinx. 1770, *Beauvarlet* direxit. In-4.

BAR (PIERRE DE), né à Bar-sur-Aube, dont il prit le surnom, créé cardinal du titre de Saint-Marcel, puis évêque de Sabine, par le pape Innocent IV, au mois de décembre 1244, puis légat du saint-siège en Espagne, il en revint en 1252, et mourut à Pérouse, où il est enterré.

1. N. In-4, dans l'Histoire des cardinaux françois de *Duchesne*.

2. N. Copie in-8, pour les cardinaux de l'abbé *Roy*.

BARADAT (LOUIS DE), abbé de Clairmont.

Humbelot sculp. In-fol.

BARBÉ (LE P. MARIN), docteur de Sorbonne, minime, ex-commissaire général des provinces de

Tours et Poitiers, ex-provincial du couvent de Paris et en même temps gardien pour la deuxième fois.

C.-A. *Littret* ad vivum del. et sculp. 1761. In-fol.

BARBEYRAC (JEAN), littérateur, professeur de droit et d'histoire à Lausanne en 1710, ensuite à Groningue en 1717, né à Béziers le 15 mars 1674, mort vers 1747.

1. J. *Wandelaar* ad vivum delin., Jac. Houbracken sculp. In-fol.

2. Le même, réduit in-4. Au bas ces mots : *Joannes Barbeyracius*.

3. *Petit* sc. In-4.

4. *Vande Laar* pinx., *Landon* direx. In-12.

BARBIER (FRANÇOIS-J.-B.), chevalier, conseiller du roi, président au présidial de Vitry-le-François, âgé de trente-trois ans, 1736.

Pinot pinxit, *Pinot filius* sculp. In-8.

BARDON DE BRUN (Le vénérable prêtre BERNARD), mort à Limoges le 19 janvier 1625, âgé de soixante et un ans.

Ballard fecit. In-4.

BARRIÈRE (PIERRE DE), né dans le diocèse de Rhodez, nommé évêque d'Autun en 1377, puis créé cardinal, mort à Avignon le 13 juin 1383.

N. In-4, dans l'Histoire des cardinaux françois de *Duchesne*.

BARTHIUS (JEAN-CONRAD), de Strasbourg.

N. Sc. In-fol. D. à g. Au bas douze lignes en latin, première :

Joannes Conradus Barthius Argentoratensis.

BARTHOLOMÆIS (HENRI DE), né à Suze, mort à Lyon en 1267, enterré dans l'église des Jacobins de cette ville, fut évêque de Sisteron, archevêque d'Embrun l'an 1250 environ, et créé cardinal en 1263 par le pape Urbain IV.

1. N. In-4, dans l'Histoire des cardinaux françois de *Duchesne*.

2. N. En petit, n° 10 de la Chronologie Collée, suite des Interprètes du droit romain; il porte le nom d'*Henry de Séguse*.

BASSOMPIERRE (LOUIS DE), évêque de Saintes, nommé en 1647, mort en 1676.

Dessin in-fol., à la pierre noire. B. R.

BASTIDE (JEAN-FRANÇOIS DE), écrivain très-fécond, membre de plusieurs académies, né à Marseille en 1724, mort à Milan en 1798.

Mulier delineavit, *Cagnoni* sculp. In-8.

BASTINGUES (JÉRÉMIE), né en 1554 à Calais, fut ministre à Anvers, ensuite à Dordrecht, puis à Leyde, où il fut nommé recteur de théologie. Il mourut dans cette dernière ville le 16 octobre 1598.

1. N. In-8, dans J. *Meursius*. D. à g. Au bas ces lignes :

Jeremias Bastingius theol. D. | Et collegii ill. ord. præses.

2. N. In-8. D. à dr. Au bas les mêmes lignes.

BAUDIUS (DOMINIQUE), savant et érudit, né à Lille (Nord) en 1561, mort à Leyde en 1613.

1. N. In-8, dans Jean *Meursius*, page 154.

2. N. In-8, dans une bordure de laurier. Au bas deux vers latins, commençant par *Vane* et finissant par *Baudius*. Au-dessous cette ligne : *Perseveranti Laurea*, et plus bas : *Natus* 1561, *denatus* 1613.

3. N. In-18, mêmes observations qu'au n° 2.

4. N. In-18, au-dessous ces deux lignes :

Dominicus Baudius I. C. | Historiarum professor.

et dans la courbe du haut : IAEN APIΣTEYEN. Ces quatre portraits sont D. à g., les suivants à dr.

5. N. In-18, mêmes observations du n° 4.

6. N. In-18, avec les deux lignes qui sont au bas du n° 4.

7. N. In-18, mêmes observations que le n° 2.

8. N. In-32, dans une bordure carrée. Au-dessous :

Dominicus Baudius. | Historiarum. prof. Lugd. Bat.

9. J. *Matham* sculp. In-4.

10. Octogone. In-8, dans Lorenzo Crasso. *Domenico Baudio.*

BAUHIN (Jean), médecin et chirurgien célèbre, né à Amiens en 1511, mort à Bâle en 1582.

N. In-8, dans le livre de Nicolas *Reusner: Icones sive imagines vivæ*, etc.

BAUME (François de la), comte de la Suze, lieutenant général pour le roi en Provence, amiral des mers du Levant le 1er juin 1578, et chevalier des ordres du roi en 1582, tué la même année.

1. *Dessin* in-fol., à la pierre noire. B. R. Collection des marins.

2. *Dessin* in-fol., à la pierre noire. B. R. Collection des chevaliers du Saint-Esprit.

BAUME (Mlle Marie de la) de la Vallière, fille de Jean de la Baume le Blanc, chevalier, seigneur de la Gasserie, de la Vallière, etc., et de dame Françoise de Beauveau, morte avant le 5 avril 1645; elle naquit le 25 mars 1623 à Saint-Saturnin en Anjou, épousa, le 25 novembre 1646 : 1° Charles Bruneau, chevalier, vicomte de la Rabastellière; 2° Erard du Chastelet, maréchal de Lorraine et de Barrois. Elle mourut veuve le 27 décembre 1712, âgée de quatre-vingt-huit ans.

Daman exc. In-4. Elle porte les noms seuls de Marie de la Vallière. Au-dessous ces vers :

Le Ciel a pris plaisir de la rendre parfaite
Affin qu'elle seruit aus autres de leçon
On n'en voit plus de la façon
La nature a rompu le moule qui la faite.

P. DE LA SERRE.

Ce portrait a dû être gravé quelque temps après le décès de sa mère et avant son premier mariage, ce que l'on doit croire par les vers précités.

BAUME LE BLANC (Charles-François de la), marquis de la Vallière, fils aîné de M. le marquis de la Vallière, gouverneur et sénéchal de Bourbonnais, et cousin germain de madame la princesse douairière de Conty, colonel d'un régiment de cavalerie, a épousé Marie-Thérèse de Noailles.

Bonnart. In-fol. en pied.

Marie-Anne, légitimée de France, princesse de Conty, lui fit don de plusieurs terres en Anjou, composant le duché de la Vallière, lors de la première érection en 1667, qui fut érigé en duché-pairie au mois de février 1723.

BAWR (J.-Guillaume), peintre en miniature et graveur, né en 1610 à Strasbourg, mort en 1640 à Vienne en Autriche.

1. N. In-8 oblong; dans une bordure de laurier, avec un génie à chaque angle. Au-dessus du buste on voit le millésime 1637, et au-dessous on lit ces deux lignes :

Gionn. Guillielmo Bauur | pictor.

2. Jo. Guillelmus *Bauur* pinxit, J. *Meyssens* fecit et excudit. In-8.

3. N. In-8, dans l'Histoire des peintres, par d'*Argenville.*

BEATUS RHENANUS, savant des xve et xvie siècles, né à Schelestadt, mort à Strasbourg en 1547, âgé de soixante-deux ans.

1. N. En petit, dans la Chronique d'*Opmeer.*

2. N. En petit. D. à dr. Au-dessous ces deux lignes :

Beatus Rhenanus | Philologus Argentorat.

3. N. In-4. D. à g. Au bas cette ligne :

Beatus Renanus, Selezestadiensis.

Au-dessous quatre vers latins : le premier commence par *Plurima*, le dernier finit par *beas.*

4. N. In-4, dans l'*Académie des sciences et arts.*

BEAUCOUSIN (L.-F.-Sezille, Ve), mère de Jean-François *Beaucousin*, avocat et littérateur.

N. In-8, *tête* coiffée d'un bonnet, vue de profil à dr. dans un médaillon ovale à claire-voie, les noms au bas dans le médaillon.

BEAUFORT (Eustache de), abbé réformateur

de l'abbaye de Septfons, décédé le 20 septembre 1709, âgé de soixante-douze ans.

N. In-8. D. à dr., les noms et titres sur la bordure. Il n'en existe que l'ovale, à la B. R.

BÉAUJON (Nicolas), conseiller d'Etat, trésorier honoraire de l'ordre royal et militaire de Saint-Louis, né à Bordeaux en 1718, fonda en 1784, dans le faubourg du Roule, à Paris, un hôpital qui porte son nom.

Dessiné par C.-N. *Cochin*, gravé par Mme *Lingée*. In-4.

BEAUMARCHAIS (Pierre-Augustin Caron de), homme de lettres, inventeur d'une nouvelle espèce d'échappement pour les montres ; excellent musicien, il s'appliqua à rendre plus parfait le mécanisme des pédales de la harpe, dont il jouait fort habilement, fut chargé de plusieurs missions diplomatiques ; il acquit les manuscrits de Voltaire, établit une imprimerie à Kehl, fit imprimer plusieurs ouvrages considérables, et ceux de Voltaire qu'il réunit le premier en corps, né à Paris en 1732, mort dans la même ville en 1799.

Portraits dirigés à droite. In-4.

1. C. N. *Cochin* del., Aug. de *St.-Aubin* sculp. 1773. In-4.

Portraits dirigés à droite. In-8.

2. *Deveria* del. 1824, *Guyard* scul.
3. *Desenne* del., *Ethiou* sc. pour Furne.
4. Gravé par *Hopwood*, avec emblèmes.
5. C.-N. *Cochin* del., 1802 ; J. *Leroy* scul.
6. Ambroise *Tardieu* direxit.
7. Gravé d'après *St.-Aubin*, par Ambroise *Tardieu*.
8. *Gautier* aîné sculp., eau-forte.

Portraits dirigés à droite. In-12.

9. *Compagnie* sculp.
10. N. Dans un médaillon ovale avec emblèmes.
11. N. Entouré de nuages au bas, à gauche, *Tarare*.

Portraits dirigés à droite. In-18.

12. L. *Meurillon.*

Portraits dirigés à gauche. In-4.

13. Gravé par *Delatre.*
14. H. *Grevedon*, lith.

Portraits dirigés à gauche. In-8.

15. Alp. *Boilly* sc.
16. Chez *Ménard* et *Desenne.*
17. Gravé par Ambroise *Tardieu.*
18. Chez *Villeneuve.*

Portraits dirigés à gauche. In-12.

19. Lith. dans un encadrement carré formé de deux tailles.

Portraits dirigés à gauche. In-18.

20. Gravé par *Hopwood*, pour Lami Denozan.

Portraits avec divers.

21. *Desrais* del., *Dupin* fil. sc.; petit portrait au bas du médaillon de Mlle *Contat*. Il est à droite. D. à g.
22. *Montault* del. et sc. sur une feuille in-8 à 10 personnages. Il est le n° 1.
23. Dans le Dictionnaire biog. L.-G. *Peugnot*, sur une feuille in-8 à 12.

Portraits en pied.

24. *Boilly* del., *Delaistre* sculp. In-4.

Tous ces portraits ont le même type et sont de profil.

BEAUMÉNIL (Hippolyte-Adélaïde), de l'académie royale de musique, pensionnaire du roi.

Pujos del. ad vivum, *Vidal* sculp. In-fol.

BEAUVEAU (François-Vincent-Marc de), primat de Lorraine, protonotaire apostolique, etc.

Antonius *David* del. et pinx., Roccus *Pazzi* sculp. Romæ. In-4.

BEBELE (Bebelius-Balthazar), théologien, né en Alsace, auteur de divers ouvrages sur l'antiquité, âgé de trente-sept ans en 1669.

Barth. *Hopffer* pinx., Phillip. *Kilian* sculp. In-4. Âgé de 37 ans, 1669.

BECCARIE (Jean – Baptiste – Raimond de), de Pavie, de Fourquevaux, acolyte du diocèse de Toulouse, et prieur de Masquières, mort le 2 août 1767, âgé de soixante-quatorze ans.

Gravé par *Tardieu*. In-4.

BEDIGIS (François-Nicolas), auteur de l'Art d'écrire démontré, publié en 1769, né à Servon, diocèse de Reims, le 1ᵉʳ avril 1738, mort vers 1802.

Desrais del., *Droyer* sc. In-fol.

BEHR (Georges-Henri), médecin, né à Strasbourg en 1708, mort en 1761, auteur de divers ouvrages de médecine.

J.-F. *Wilcke* pinxit, Joan. *Striedbeck* delin. et sculp. Argentorati. In-4.

BELLAUDIÈRE (Louis de la), Loys Bellaudiero, gentilhomme et poëte provençal, né à Grâce, mort au mois de novembre 1588.

N. In-8, sur bois. D. à g., dans une bordure ovale, sur laquelle on lit : *Vertv me gvide, honnevr me svit, ætatis* 40. 1583. Au-dessous neuf vers par P. Paul.

Veissy la vrayo pourtreturo.

Il décore l'ouvrage *Obros et rimos provvensallos*, etc. Marseille, Pierre Mascaron, 1595.

BELLEFONT (Bernardin-Gigault, marquis de), seigneur de l'Ile-Marie et de Gruchy, premier maître d'hôtel du roi, premier écuyer de Mᵐᵉ la Dauphine, nommé maréchal de France le 8 juillet 1668, ambassadeur extraordinaire en Angleterre en 1670, mort au château de Vincennes le 4 décembre 1694.

N. In-4. D. à dr., au-dessous ces trois lignes :

Bernardin de Gigavt, marchese di Bellefons, maresciallo di Francia, primo mastro d'hotel del Re, etc.

BELOT (Jean), curé de Mil-Monts.

N. In-12, sur bois. D. à dr. Dans un ovale à claire-voie. Autour de la tête on lit : *Musa fœlicitas altera.*

Au-dessous du buste : Iean Belot, jé la bonté, et au-dessous de la gravure ces quatre vers :

Ce que le Caldéen et le mage sçauant
N'ont acquis par les arts de l'obscure magie,
Tu l'as acquis (BELOT) et les mets en auant
Sous les secrets diuins de la philosophie.

Ce portrait se trouve en tête des œuvres de M. *Jean Belot,* curé de Mil-Monts, professeur avx sciences divines et célestes. Lyon, Claude *la Rivière,* 1654.

BÉNARD (Nicolas), Parisien, âgé de vingt-cinq ans.

Jaspar *Isac* fecit. In-8.

Le ciel fauorisant mon voeu et mon voyage,
J'ai veu Hierusalem, cité saincte, Sion,
Visité Bethelehem, lieux de deuotion.
Dieu m'en a faict la grace au printemps de mon aage.

BENOIT XII (Jacques Fournier, pape sous le nom de), fils d'un meunier ou boulanger de Saverdun, au diocèse de Pamiers, fut fait évêque de Pamiers en 1317, de Mirepoix en 1326, créé cardinal en 1327, élu pape en 1334, mort en 1342.

1. In-8, dans l'Histoire des papes par *Cavalleriis*.

2. In-12, sur bois, dans l'Histoire des papes de *Duchesne.*

3. In-4, dans l'Histoire des cardinaux françois de *Duchesne.*

4. In-8, dans l'Histoire des cardinaux, de l'abbé *Roy,* t. VIII.

5. In-8, dans l'Histoire des papes, par l'abbé *Novaes.*

Tous ces portraits ont le même type.

BERENGER (Raymond de), vingt-neuvième grand maître de Malte, né en Dauphiné, fut élu grand maître en 1365; il mourut à Rhodes en 1373.

1. Ph. *Thomassinus,* de trois quarts à g. sur

2

une feuille in-fol., avec R. de Pins, R. de Juliac et F. de Heredia.

2. Copie en sens opposé. In-8.

3. N. In-8. D. à g. Dans un encadrement rond; au bas, vingt lignes italiennes finissant par *magistero*.

4. Sur une feuille à 56 publiée en Italie. Il est le numéro 30.

5. *Cars* sculp. In-4.

BERENGER (Claude), Parisien.

E. *Le Sueur* p., R. *Lochon* sc. In-4.

BERGAIGNE (Joseph de), de l'ordre de Saint-François, évêque de Bois-le-Duc, puis archevêque duc de Cambrai.

1. Théod. *Thulden* delin., Jac. *Neeffs* sculpsit. In-4.

2. P. *de Jode* exc. In-4.

3. Ph. *Fruytiers* delin., Jac. *Neeffs* sculpsit. In-fol.

4. Anselmus *Van Hulle* pin., Paul *Pontius* sculpsit. In-fol.

5. N. In-4. D. à dr. Copie du précédent. Au bas, quatre lignes de titres en latin.

6. N. In-4. D. à g. Copie du numéro 4.

BERGHE (Jean, marquis de), gouverneur du Hainaut, Valenciennes et Cambrésis, mort le 22 mai 1567.

1. N. In-4, dans un ovale, les noms et titres en latin sur la bordure, et répétés au-dessous en hollandais.

2. N. In-4. Mêmes observations que pour le précédent. Il est d'un travail moins pur.

3. N. In-8. Les titres en latin autour du médaillon.

4. N. In-4. D. à g. Copie du numéro 1.

Les numéros 1, 2 et 3 sont dirigés à droite.

BERNAGE (Louis-Basile de), chevalier de Saint-Louis, conseiller du roi, intendant en Languedoc.

Gérard pinxit., *Michel* sculp. Avenione, in-fol.

BERNEGGER (Mathias), professeur d'histoire à Strasbourg, où il mourut en 1640. Il est auteur d'un grand nombre d'ouvrages latins.

1. P. *Aubry* sculp. et excud. Argen. In-4.

2. N. En petit. D. à dr. Au bas, ces deux lignes :

Matthias Berneggerus | Historiarum prof. Argentorat.

BERNEGGER (Johannes-Caspar), reipublicæ argentoratensi à secretis et regestorum cura. Anno Christi 1668.

N. In-8. Dans un octogone, les titres ci-décrits en trois lignes sur la tablette.

Dans le coin du bas, à dr., on voit un chiffre formé des lettres T. S. M. C. B. R.

BERTHIER (Guillaume-François), jésuite, littérateur, garde de la bibliothèque du Roi, adjoint à l'éducation des enfants de France, né à Issoudun en 1704, mort à Bourges en 1782.

1. *Malbel* delineavit, Magd. Th. *Rousselet* sculp. In-8.

2. N. In-8. Dans un ovale, D. à g. Au bas, trois lignes, la dernière finit par *France*.

BERTIN (Henri-Léonard-Jean-Baptiste), né en 1720 à Périgueux, ministre et secrétaire d'Etat, commandeur des ordres du roi, fut intendant en diverses provinces, lieutenant général de police de 1757 à 1759, et contrôleur général des finances de 1759 à 1763.

1. *Roslin* pinx., R. *Gaillard* sculp. In-fol.

2. *Roslin* pinx., *Cathelin* sculp. In-4.

3. *Roslin* pinx., *Dupin* fils, sculp. In-8.

BERTRAND (Pierre), né à Annonay en Vivarais, conseiller au parlement de Paris, chancelier de Jeanne de Bourgogne reine de France, successivement évêque de Nevers et d'Autun, créé cardinal-prêtre du titre de Saint-Clément, par le pape Jean XXII. Il mourut le 1er juin 1349 au château de Montault, près Avignon.

1. N. In-4, dans l'Histoire des cardinaux français de *Duchesne.*

2. Copie in-8. Sens opposé, pour l'Histoire des cardinaux de l'abbé *Roy.*

BETHUNE (Armand de), marquis, puis duc de Charost, pair de France, baron d'Ancenis, lieutenant général en Picardie, capitaine des gardes du corps du roi, né le 25 mars 1663, reçu gouverneur de Calais en 1687, duc et pair le 16 janvier 1698, nommé lieutenant général le 23 décembre 1702, et gouverneur de la personne du roi.

N. In-fol. En pied, pour le sacre de Louis XV, en costume de gouverneur du roi.

Il porte le nom seul de *duc de Charost.*

BEZOUT (Etienne), de l'académie royale des sciences, etc., né à Nemours le 31 mars 1730, mort en Gâtinois le 2 septembre 1783.

P.-P. *Choffard* fecit. 1775. In-4.

BIGNON (Jérome-Frédéric), conseiller d'Etat, bibliothécaire du roi et conseiller honoraire au parlement de Paris.

Aug. *de Saint-Aubin* del. et sculp. In-4.

BILLARD (François-Pierre), caissier des postes, condamné au carcan, par arrêt du parlement, le 18 février 1772, et banni à perpétuité.

1. N. Sc. In-8, en pied. D. à g.

2. N. Sc. In-8, en pied. D. à g.

Il porte sur la poitrine un écriteau sur lequel on lit :

Caissier prévaricateur dans ses fonctions.

BLANCHEFORT (Guy de), quarante et unième grand maître de Malte, grand prieur d'Auvergne, élu grand maître en 1512, mort en 1513.

1. Ph. *Thomassinus,* in-8 de trois quarts à dr., sur une feuille in-fol., avec F. *Carrette,* Ph. *de Villiers* et P. *Dupont.*

2. Copie à g. In-8.

3. N. In-8, dans un encadrement rond. Au bas, seize lignes italiennes, finissant par *conventuale.*

4. En petit, sur une feuille à cinquante-six, imprimée en Italie.

5. *Cars* sculp. In-4.

BLEVET (Théodore), maistre d'escole françoise, ætatis 42. 1640.

F. *Hals* pinxit, T. *Matham* sculpsit. In-fol. B. P. R.

BLOIS ou BLOSIUS (Louis de), de la maison de Blois et de Chastillon-sur-Marne, abbé de Liessies.

1. *Picart* incidit. Petit portrait en pied, dans le titre in-fol. de l'Histoire de la maison de Chastillon-sur-Marne, par André *Duchesne.* Paris, Sébastien *Cramoisy,* 1621.

2. Corn. *Galle* sculp. In-8.

3. Michel van *Lochom* excudit. In-8.

4. N. In-8, D. à dr. Au bas, deux lignes de titres en latin, et plus bas quatre vers latins; le premier commence par *Gallia,* le quatrième finit par *suo.*

BLOY (François le), cinquantième abbé de Clairvaux, nommé en 1761.

Roslin pinxit, N. *Delaunay* sculp. In-fol.

BOILLOT (Joseph), auteur de divers ouvrages, né à Langres.

N. In-4. Dans un ovale formé de deux branches de laurier, le personnage est D. à dr.

BOISFRANC (M. de). La gravure porte Boifrant.

Dessiné par Lt. St. *Adam* l'aîné, *François* sc. In-fol., tête grosse comme nature.

BOISSIÈRE (Joseph de la Fontaine Solare de la), prêtre de la congrégation de l'Oratoire, connu par des sermons, né à Dieppe en 1649, mort à Paris le 18 août 1732, âgé de quatre-vingt-trois ans.

Mathey sc. In-8.

BOISSIÈRE (Marie-Gabrielle-Louise de la Fontaine Solare de la), fille de messire François de la Fontaine Solare de la Boissière, chevalier de l'ordre militaire de Saint–Louis, lieutenant du Roy, des ville et citadelle de Dieppe.

Peint par M. Q. *de Latour,* gravé par *Petit.* In-fol.

BOISSIEU (le R. P. ANTOINE), de la compagnie de Jésus, né en 1646 à Saint–Germain-Laval, décédé le 16 avril 1691.

N. sc. In-8, D. à dr. Au bas ces vers :

> Célèbre directeur, zélé missionnaire,
> Boissieu fut droit, affable, à lui-même sévère ;
> Ses conseils, ses écrits, ses mœurs et ses discours,
> Le firent applaudir et le feront toujours.

BOISSY. V. LAUS.

BOLLOGNE (ETIENNE DE).

N. In-12, dans un ovale, D. à dr. Au bas on lit :

> Stephanus de Bollogne. Ætat. suæ 63.
> 1617.

BOLOGNE (JEAN DE), statuaire et architecte, né à Douay, mort à Florence en 1606.

1. N. In-fol. Autour du médaillon on lit : Johannes Bolognius Belgius, statuarius et architectus æt. an. 60 ; *et au-dessous :* Jacobus Kinig Germanus, amici honestissimi effigiem ad perpetuam ejus virtutis memoria fieri curavit MDCLXXXVIIII.

> Venetis
> G. V. F.

2. N. In-4, lit. de A. *Cornillon.*

BONAL (R. P. FRANÇOIS), provincial de la province d'Aquitaine.

M. *Damasso* fecit. In-4.

BORDE (JEAN-BENJAMIN DE LA), premier valet de chambre ordinaire du roi, gouverneur du Louvre, auteur de divers ouvrages, né à Paris en 1734, mort dans la même ville en 1794, victime de la révolution.

1. *Denon* del. 1770, J.-M. *Moreau* le jeune sculp. 1771. In-4.

2. *Marillier* del., *Née* sculp. In-4. Sur la même feuille et en regard du baron de la Tour Châtillon Zurlauben.

3. Peint par *Du Rameau* en 1768, gravé par C.-E. *Gaucher.* In-32.

BORDES (BERTRAND DE), fut évêque d'Albi, camérier du pape Clément V, qui le créa cardinal ; il mourut à Avignon en 1310.

N. En petit, D. à dr. Au bas cette ligne :

> Bertrand de Bordes.

BORDES (CHARLES), poëte et philosophe, né à Lyon en 1731, mort dans la même ville en 1781.

C. *Boily* del. et sculp. In-8. Au bas :

> J'ai fait un peu de bien : c'est mon plus bel ouvrage.

BOUDET (ANT.-ALEXIS), minime, docteur de la sacrée faculté de Paris, provincial de la province de Saint-Bonaventure, vicaire général de l'évêque de Clermont.

De la Pote pinx., *Dennel* sculp. In-fol.

BOUFFLERS (LOUISE-EMILIE, baronne DE), femme de lettres.

1. Aug. *de St-Aubin* del. et sculp. In-fol. Au bas :

> Louise Emilie BARONNE DE .***.
>
> L'Amour en la voyant crut voir sa mère un jour,
> Et tout ce qui la voit a les yeux de l'Amour.

2. N. In-18 sur bois, dans *l'Illustration.*

BOUGUER (PIERRE), mathématicien, astronome, membre de l'académie des sciences, né en 1698 au Croisic (Loire-Inférieure), mort en 1758.

Peint par *Péronneau,* gravé par *Miger.* In-fol.

BOUILLON (R. P. JEAN-BAPTISTE DE), capucin, né à Bertry le 17 septembre 1723, ancien professeur de philosophie et de théologie, élu provincial de la province de Paris le 13 juillet 1770.

J.-L. *Anselin* delin. et sculp. In-4.

BOULLENOIS (Ludovicus), in senatu Parisiensi patronus ætatis suæ 74, reçu avocat au parlement en 1705, mort en 176 .

L.-A. *Mangeant* pinx., M^ll^e *Martinet* sculp. In-4.

BOURBON (Nicolas), poëte latin, né en 1523 à Vandœuvres, près Langres.

N. In-12, sur bois, dans un médaillon à claire-voie, avec ornements, à g. de la tête on lit : *Nic. Borbonius,* et à dr. : Van dop *anno ætatis* XXXII, 1555.

BOURBON (Gabrielle de). V. Tremouille.

MAISON DE BOURBON.

BOURBON (Marguerite de), fille de Charles Ier, duc de Bourbon, et d'Agnès de Bourgogne, mariée en 1472 à Moulins, avec Philippe II, duc de Savoie, morte le 24 avril 1483 au château de Pont-Ains, enterrée dans l'église de Notre-Dame de Brou.

N. Très-petit portrait, dans la Chronologie Collée, suite des ducs de Savoie.

BOURBON-CONDÉ.

BOURBON-CONDÉ (nommée quelquefois Anne-Louise ou Anne-Marie-Victoire de), fille de Henri-Jules de Bourbon, prince de Condé, et d'Anne de Bavière, nommée en naissant Mademoiselle d'Enguien, puis Mademoiselle de Condé, née à Versailles le 11 août 1675, morte à Paris le 23 octobre 1700, enterrée aux Carmélites.

Portraits sous le nom de :

Mademoiselle d'ENGUIEN.

1. Chez J. *Mariette,* en pied. In-fol. Anne-Louise.

Portraits sous le nom de :

Mademoiselle de CONDÉ.

2. *Crespy* sculp. In-18, avec ornements.
3. Chez *Trouvain.* In-fol. en pied.

BOURBON-CONDÉ (Louise-Adélaïde de), fille de Louis-Joseph, prince de Condé, et de Charlotte-Godefride-Elisabeth de Rohan-Soubise, née à Paris le 6 octobre 1757, abbesse de Remiremont en 1786.

N. In-8 de profil à dr., dans une bordure ovale à claire-voie, à coins teintés. Au bas deux lignes de texte finissant par 1757. *En costume mondain.*

BOURBON (Louis-Henri-Joseph de Bourbon-Condé, duc de), fils de Louis-Joseph et de Charlotte-Godefride-Elisabeth de Rohan-Soubise, frère de la précédente, né à Paris le 13 avril 1756, trouvé mort à l'agrafe intérieure des volets de la croisée à Chantilly, le 27 août 1830, âgé de soixante-quatorze ans.

1. *Wangelisti* del. et sculp. In-4.

2. N. In-4, D. à g., dans un encadrement ovale, avec un casque, une épée et un sabre dans les quatre coins ; il porte le titre de colonel général de l'infanterie légère.

3. N. In-4. Lit. de G. *Engelmann.*

Portraits in-8.

4. G. de *Galard* sc. 1815, à Bordeaux.

5. Dessiné et gravé par *Canu.*

6. N. In-8, dans un ovale à claire-voie, avec coins teintés. D. à dr. Au bas deux lignes de titres finissant par 1756.

7. N. In-8, dans un ovale à claire-voie, à coins teintés, une fleur de lis dans chaque coin. D. à dr. Au bas on lit : M^r le duc de Bourbon.

8. Chez *Genty.* In-8. D. à dr.

9. N. In-8. Lit. de *Delpech.*

Portraits in-18.

10. N. D. à g., avec guirlande dans le haut. Au bas : Mgr le duc de Bourbon Condé.

11. N. De profil à g., ovale avec guirlande dans le haut, posant sur deux branches de laurier.

12. *Patas* sc. In-4, pour le sacre de Louis XVI. Au bas, au lieu du nom on lit : *Habillement du pair comte de Champagne.*

13. N. In-18, dans un carré. D. à g., le bras droit éloigné du corps.

14. N. In-18, dans un carré. D. à g., le bras droit éloigné du corps, et le bras gauche pendant. A ces portraits on lit : Mᵍʳ LE DUC DE BOURBON.

15. N. In-32. Dans un cercle formé d'une taille à claire-voie : en dedans, au-dessus de la tête on lit : *Mgr le duc de Bourbon.*

Portraits à cheval.

16. N. In-18, à claire-voie. D. à g., le cheval au *galop.*

17. N. In-18, à claire-voie. D. à g., le cheval au *pas.*

LOUISE-MARIE-THÉRÈSE-BATHILDE D'ORLÉANS, sa femme, née à Saint-Cloud le 9 juillet 1750, mariée le 24 avril 1770, morte le 10 janvier 1822.

1. Dessiné et gravé par *Dupin.* In-4.

2. N. In-8, dans un ovale à claire-voie, à coins teintés, regarde de face. Au bas deux lignes finissant par 1750.

BOURBON-MONTPENSIER.

BOURBON (PHILIPPE DE MONTESPEDON, FEMME DE CHARLES DE), prince de la Roche-sur-Yon, veuve de René, seigneur de Montejan, maréchal de France, fille unique de Joachim de Montespedon, et de Jeanne de la Haye, étant princesse de la Roche-sur-Yon, dame d'honneur de la reine mère Catherine de Médicis. Elle mourut le 12 avril 1578.

1. Dessin au cabinet *Fontette.*

2. N. In-8, dans *Montfaucon.*

BOURBON (JACQUELINE DE LONGWIC), femme de Louis II, duc de Montpensier, comtesse de Bar-sur-Seine, fille de Jean de Longwic, seigneur de Givry, et de Jeanne bâtarde d'Angoulême, mariée au mois d'août 1538, morte étique à Paris le 28 août 1561.

1. N. In-8, dans *Montfaucon.*

BOURBON-MONTPENSIER (CHARLOTTE DE), fille de Louis de Bourbon-Montpensier, IIᵉ du nom, et de Jacqueline de Longwic, comtesse de Bar-sur-Seine, fut abbesse de Jouarre, renonça à ses vœux, épousa à Brielle, le 12 juin 1574, Guillaume Iᵉʳ de Nassau, assassiné par le fanatique Balthasar. Elle mourut à Anvers le 6 mai 1582.

1. H. *Goltzius* fecit. In-fol. Agée de trente-trois ans, 1581.

2. N. In-8. D. à dr., dans une bordure ovale, avec ornements.

BOURBON (JEANNE DE), duchesse de Bar.

N. In-8, sur bois, de profil à dr., dans les Hommes illustres de *Théodore de Bèze.* Au-dessus on lit :

JOHANNA BORBONIA DUCISSA BARRENSIS.

BOURGELAT (CLAUDE), fondateur des écoles vétérinaires en France, né à Lyon en 1702, mort en 1779.

1. A.-F. *Vincent* pinx., C.-F. *Letellier* sculp. In-4.

2. N. In-8, de profil à dr. Sur la tablette C. BOURGELAT.

3. N. In-8, de profil à g., dans un médaillon ovale, d'une guirlande de roses et de laurier. Sur la tablette C. BOURGELAT.

4. *Pigeot* sc. In-8, pour les Hommes utiles.

5. H. *Reverchon* lit. In-4.

BOURGEVIN DE VIALART DE MOLIGNY (Mᵉ CHARLES-PAUL DE), chevalier, commissaire des gardes du corps, chevalier de l'ordre de Saint-Louis.

C.-H. *Letellier* del., C.-H. *Letellier* sc. In-fol.

GUYARD (Marie-Elisabeth-Jean-Baptiste), épouse du précédent, née le 9 mai 1721, décédée le 24 octobre 1765.

F. *Martin* pinxit, St. *Fessard* sculp. In-fol.

BOURGOGNE (Guy de). V. Calixte II.

BOURNONVILLE (Alexandre-Albert-François-Barthélemy duc et prince de), comte de Henin, marquis de Risbourg, etc., né à Bruxelles le 16 avril 1662, fut envoyé en France à l'âge de neuf ans, entra comme guidon dans les gendarmes de la garde; il devint maréchal de camp, assista à divers siéges et combats. Il mourut à Bruxelles le 3 septembre 1705 des suites des blessures qu'il avait reçues. Il était très-savant dans la science des médailles et des antiquités.

Simon *Thomassin* ad vivum delineabat et sculpebat. In-fol. major.

BOURSOUL (Joseph-Augustin), prêtre, gardien de l'hôpital de Saint-Yves à Rennes, mort en odeur de sainteté dans la chaire de l'église paroissiale de Toussaint, le 4 avril 1774, âgé de soixante-dix ans.

1. N. In-fol., à *Rennes;* et à *Paris*, chez *Mondhare.*

2. A. *Ollivan* sc. In-8.

BOUTAULT DE RUSSY (Nicolas de), colonel, directeur du corps royal d'artillerie.

De *Famars* sc. In-4.

> L'esprit aussi vif qu'amusant,
> Russy rassemble à son âge,
> De la jeunesse l'enjouement,
> Et les vertus du vrai sage.
> *Par son ami* de Famars.

BOUTHILIER (Anne-Marie de Bragelongne, femme de Claude le), surintendant des finances, mariée en 1606, morte le 26 mai 1673, âgée de quatre-vingt-trois ans.

1. *Nanteuil* faciebat ad vivum, 1656. In-fol.

D. à g., dans une bordure ovale de feuilles de laurier. Les noms de l'artiste sont en deux lignes, au bas, à dr. du support.

2. N. In-fol. Copie du précédent.

BOYELLEAU (A.-J.). *Buisson* delin. et sculp. 1764. In-4.

BOYER (Philibert), natif de Paroy en Charolais, procureur en la cour de parlement de Paris, auteur de divers ouvrages.

N. In-18 sur bois, dans une bordure ronde avec entourages, sur laquelle on lit : Ph. Boyerius, an. æta. 34. 1585.

Le personnage, D. à dr., porte moustaches et la royale. Au-dessous, on lit :

AU SIEUR BOYER, SUR SON PORTRAIT.

> Ce ne sont point les ans, ny la barbe chenue,
> Qui te feront jouyr du lot, qu'ont mérité,
> Tes pénibles labeurs : la meure qualité,
> De tes stiles dessins, mes la vérité en vue.
> *Par* Jean Dagonneau, *advocat.*

BOYER (Messire Vincens), chevalier, seigneur d'Aguilles, conseiller au parlement de Provence en 1571.

J. *Coelemans* sculp. In-fol.

BOYER (Messire Jean-Baptiste), chevalier, seigneur d'Aguilles, conseiller et doyen du parlement de Provence en 1637.

Jac. *Coelemans* sculpsit. In-fol.

BOYER (Messire Pierre-Jean), seigneur d'Eguilles, marquis d'Argens, reçu conseiller au parlement de Provence en 1709, et procureur général au même parlement en 1717.

J. *Celloni* pinxit, J. *Coelemans* sculpsit. In-fol.

BRANCAS (Marie-Thérèse de), mariée en premières noces au comte de Rochefort, et en deuxièmes noces à Louis-Jules Barbon-Mancini-Mazarini, duc de Nivernois. Elle est auteur de *Mytis et Aglaé*, et autres ouvrages.

Engraved by *Bartolozzi.* In-4.

BRANDEBOURG (Jean-Georges, marquis de), nommé, le 20 mai 1592, évêque de Strasbourg par les chanoines protestants.

Jean *ab Heiden* pinx., Jacob *ab Heyden* filius hujus sculp. Petit in-fol.

BRANDT (Sébastien), né à Strasbourg en 1458, professeur de jurisprudence, auteur d'un poëme allemand, mourut en 1520 dans sa ville natale, dont il était conseiller et chancelier.

1. Dans *Boissard*. In-8.
2. Jacobus *ab Heyden,* anno Dni, 1631. In-8.
3. P. *Aubry* exc. In-8.

BRANDT (Philippe-Henri), médecin de Strasbourg.

Franc.-Nicolas *Haldemvanger* delin. et sculp. A° 1708. In-fol.

BREMOND (Rev. P. F. Antonin), né en 1692 à Cassis en Provence, élu soixante-troisième général de l'ordre de Saint-Dominique, en juin 1748, à l'âge de cinquante-six ans. Cette élection se fit à Bologne. Il réunit tous les suffrages. Il est auteur de divers ouvrages.

1. Petrus *Trassi* pinxit, Silv. *Pomarede* sculpebat. In-fol.
2. David *Loreti* pinx., Michael *Sorello* sculp. Romæ. In-fol.

BRETAGNE (Saint Charles de Chastillon dit de Blois, duc de).

J. *Picart* incidit. Petit portrait en pied, dans le titre in-fol. de l'Histoire de la maison de Chastillon-sur-Marne, par *André Duchesne*. Paris, Sébastien *Cramoisy*. 1621.

BRICHANTEAU (Antoine de) Beauvais Nangis, chevalier des ordres du roi, colonel des gardes françoises, ambassadeur extraordinaire en Portugal, amiral de France le 25 février 1589, s'en démit en 1591, mort le ix août 1617, à soixante-cinq ans.

N. In-4, D. à dr.; au-dessous les titres ci-décrits, qui forment quatre lignes.

BRIE ou BRION (Simon de). V. Martin IV.

BRIQUEMAUT (François de), gentilhomme protestant, pendu en octobre 1572, place de Grève, à Paris, sous le règne de Charles IX; ce roi et sa mère assistèrent à l'exécution à une fenêtre de l'hôtel de ville, et forcèrent Henri IV d'en être témoin.

N. In-8. Sur bois, pour les Hommes illustres de *Théodore de Bèze*. Rare.

BRON (Claude de), comte de la Liègue, baron de Rivière, etc., premier baron de Lyonnois.

Spirinx sculp. In-fol.

BRUC (Henri de).

Mich. *Lasne* sc. In-fol., dans une thèse dédiée au cardinal de Richelieu. Le personnage est vu de profil à dr., la tête levée, le bras gauche tendu, les mains ouvertes.

BRULART (Pierre), vicomte de Puisieux, secrétaire d'Estat, grand trésorier de l'ordre du Saint-Esprit, mort en 1640.

Dessin in-fol. à l'*encre de Chine*. B. R., collection des chevaliers du Saint-Esprit.

BRULART (Roger), marquis de Puisieux et de Sillery, commandeur des ordres du roi, lieutenant général de ses armées, gouverneur d'Huningue, ambassadeur en Suisse, mort le 26 mars 1719.

Dessin in-fol. à l'*encre de Chine*. B. R., collection des chevaliers du Saint-Esprit.

BRUTÉ (Jean-Joseph-Guillaume), de la maison de Sorbonne, curé de Saint-Hippolyte de Paris.

M.-L.-A. *Boizot* delineavit et sculpsit. In-fol.

BRUYNS (Anne-Françoise), épouse d'Isaac Bullart, intendant d'Artois, âgée de trente-quatre ans en 1629.

F. *Bouttats* fecit A° 1648. In-8.

BUACHE (Philippe), premier géographe du roi, né à Paris en 1700, mort en 1773.

G.-P. *Marillier* inve., P.-N. *Rivet* sculp. Petit médaillon dans le titre in-fol., au bas duquel on lit : *La géographie fait de nouvelles découvertes sur le globe.*

BUCER (Martin), né à Schelestadt en 1491, mort à Londres en 1551, entra chez les dominicains ; il les quitta pour embrasser la réforme.

Portraits dirigés à gauche.

1. R. B. sc. In-8.

2. In-8. Dans les Hommes illustres de Théod. de Bèze.

3. H. *Hondius* sc. In-4.

4. N. En petit. Au bas deux lignes de titres en latin.

5. N. In-8. Au bas trois lignes. Voici la première : *Martinus Bucer*, les deux autres sont en allemand.

6. Van der *Werff* p., G. *Walck* sculp. In-fol.

7. Richard *Chiswell*. In-4.

8. *Houston* fecit. In-fol.

9. N. In-4. En manière noire, vu de profil. Au bas deux lignes allemandes, la première finit par *Butzer*, la deuxième par 1535.

10. *Dubois* del. lith. In-8.

Portraits dirigés à droite.

11. S. D. 1568. In-4. Sur bois. Il tient un livre ouvert.

12. R. B. sc. In-4.

13. N. Petit in-fol. Au-dessous ces deux lignes :

Martinus Bucerus, | theol. Argentor. et Cantabrig.

14. Gravé par *E. Desrochers*. In-8.

15. In-8. Sur la tablette ; Martin Bucer, A° 1551.

16. N. In-8. Dans un ovale à claire-voie, Au-dessous on lit : Martin Bucer, plus deux lignes anglaises finissant par 1551.

17. Petit buste in-12. Au bas huit lignes qui se terminent par 1551.

Avec divers.

18. N. Dans un cercle in-4 divisé en 4. Il y a

huit personnages sur la feuille ; il est à côté de Cnox.

BUCHE (Le vrai portrait de Henri-Michel), surnommé le *bon Henri*, instituteur des communautés des frères cordonniers et tailleurs, mort le 10 juin 1666, âgé de soixante-treize ans.

Duché pinx., *Crepy* sculp. 1713. In-12.

BUFFON (Georges-Louis Leclerc de), savant naturaliste, l'un des plus grands écrivains du XVIIIᵉ siècle, membre de l'Académie française et de celle des sciences, né le 27 décembre 1707 à Montbard en Bourgogne, mort à Paris le 15 avril 1788.

Portraits dirigés à gauche. In-4.

1. *Drouais* pinxit 1761, C. *Baron* sculp. et M. *Drouais* direxit.

2. *Drouais* pinxit, *Dupin* fils sc.

3. H. *Grevedon* del. lith.

Portraits dirigés à gauche. In-8.

4. *Drouais* dip. Christophoro *d'all'aqua* Vincentino sc.

5. *Marcily* pinxit, *Boncillet* sculp.

6. *Dupreel* sc.

7. *Drouais* pictor reg. pinxit 1761, *de Seve* del., *Gaucher* ex acad. Lond. inci. 1774.

8. *Drouais* pinx., 1761. P. *Savart* sculp. 1775.

9. *Drouais* pinx., 1761. A. B. delin., S. *Briera* sculp. *Matriti,* 1781.

10. *Bovinet* sc.

11. N. Dans un encadrement ovale. Type du numéro 1. Au bas :

Naturam amplectutur omnem.

12. N. Au-dessous, quatre lignes. Voici les deux premières :

Gorges-Louis le Clerk | count de Buffon.

La quatrième finit par *Berlin.*

13. *Mannlich* delinᵗ. *Thelott* sculp. De profil, dans un médaillon rond, entouré d'un serpent et de deux guirlandes de laurier. Au lieu du nom on lit : *Naturam amplectitur omnem.*

3

14. A. *Audibran* sc.

15. Mme *Fournier* sc. Publié par *Curmer*.

16. Karl. *Girardet, Andrew Best* et *Leloir* sc. sur bois.

17. Sur bois. Dans la *Mosaïque,* numéro 10.

18. Ambroise *Tardieu* direxit.

19. *Adam* del. lith.

20. N. Lith. de *Delpech.*

Portraits dirigés à gauche. In-12.

21. *Pujos* del., *Landon* direx.

22. N. Dans un ovale formé d'un trait de points. Il regarde de face. Au bas : *Buffon.*

23. N. S. D'après *Pujos.*

Portraits dirigés à gauche. In-18.

24. F. *Drouais* pinx., 1761. C.-S. *Gaucher* inc. an VII.

25. N. Ovale dans un carré. Dans chaque coin du haut une rosace, et dans le bas deux branches de laurier. Type du numéro 1.

26. N. Chez *Boiste.* Titre des Morceaux choisis de *Buffon.*

Portraits dirigés à gauche. In-fol.

27. A. *Pujos* ad vivum del. 1776., Vin. *Vangelisty* sculp. 1777.

28. Peint par *Drouais,* gravé par L.-J. *Cathelin.*

29. T. *Jahan,* 1826. Lith.

30. P. *Sudré* del. lith.

Portraits dirigés à droite. In-4.

31. Peint par *Drouais* le fils en 1761, gravé par *Chevillet* en 1773.

32. A. S.-A. (*Aug. de Saint-Aubin*) fec.

33. H. *Garnier* lith.

Portraits dirigés à droite. In-8.

34. N. sc. Cadre posé sur une colonne sur laquelle on lit :

Georges Lewis Le Clerc | count de Buffon.

A droite et à gauche divers emblèmes.

35. *Drouais* pinxit., 1761. C. *Baron* sculp.

36. *Bosselmann* sculp. pour *Furne.*

37. E. *Duchier* sculp.

38. Dessiné d'après le buste de *Houdon,* par *Delafontaine,* gravé par *Dupréel.*

39. Published 1789 by C. *Forster.*

40. *Markl* del., *Giroux* sc. Publ. par *Pourrat.*

41. Emile *Giroux* sc. Avec emblèmes, pour *Mauprivez* fils.

42. A. *Lefèvre* sculp.

43. Al. *Massard.*

44. Alexa. *Massard* sc. pour *Menard* et *Desenne.*

45. *Deveria* del. 1822, Al. *Massard* sculp.

46. Peint par *Drouais* le fils, gravé par Bart. *Roger.*

47. P. *Sauvage* pinx., A. *Saint-Aubin* sculp.

48. L.-F. *Schleuen* sc., 1777.

49. *Drouais* pinx., *Sixdeniers* sculp.

50. N. Buste soutenu par *la Nature* sous l'emblème d'une femme.

Portraits dirigés à droite. In-12.

51. *Barrère* père sculp.

52. *Delignon* sculp.

53. L. *Pauquet* del. et inc.

54. Gravé par *Ransonnette.*

Portraits dirigés à droite. In-18.

55. *Migneret* sculp. et avec texte. In-4.

56. Gravé sur acier par *Hopwood.*

57. S.-A. (*Saint-Aubin*). Il est de profil.

58. Dess. par *Quenedey,* avec le phy. inv. par *Chrétien,* d'après le buste de *Houdon.*

Portraits dirigés à droite. In-fol.

59. *Garnerey* del., P.-M. *Alix* sculp.

60. Dessiné par *Bounieu,* d'après le buste de M. *Houdon,* gravé par *Hubert.*

61. E. *Gatteaux,* avec texte. Grands hommes français.

62. P. *Marillier* del., N. *Ponce* sc. Les illustres Français.

Portraits en pied.

63. *Pajou* inv., *Martini* sculp. In–4.

64. *Deveria* del., Tony *Johannot* sculp. In–8.

Portraits avec divers.

65. Dessiné par *Maltebrun*, gravé par *Bernardi*. Sur une feuille in-fol.

66. *Carrière*, 1835. Lith. In-fol. Avec d'Alembert, Diderot, Montesquieu et de la Harpe. Il est le numéro 4.

67. Sur une feuille in-8, à douze personnages, pour le Dict. biog. L.-G. *Peugnot*.

68. Aug. *Saint-Aubin* del. et sc. In-fol. Pour le titre de l'Encyclopédie. Il est avec quinze autres.

69. *Blanchard* sc. Petit portrait sur une feuille in-fol. à vingt personnages. Il est le sept.

70. Pour les Mémoires historiques. Il porte le numéro 59.

BUISSON (C.-A.-L.), graveur amateur. *Denon* del. et sculp. 1764. In-8.

BUQUOY (CHARLES-BONAVENTURE DE LONGUEVAL, comte DE), baron de Vaux, chevalier de la Toison d'or, gouverneur du Hainaut, etc., général au service de Philippe III, roi d'Espagne, et de Ferdinand II, empereur d'Autriche, né à Arras, tué dans une rencontre le 10 juillet 1621, en Hongrie.

Portraits dirigés à droite. In-4.

1. N. Les noms et titres sur la bordure qui est ovale. Au bas sept lignes finissant par 1621. Voici la première et le commencement de la seconde : *Hic Attrebatum nativam civitatem, tantum non captam, ab Henrico quarto rege Galli | arum liberavit.*

2. N. Les noms et titres en latin, sur la bordure qui est entourée d'emblèmes militaires. Au-dessous dans un cartouche on aperçoit une bataille, et plus bas les sept mêmes lignes du précédent.

3. Wolf. *Kilian* aug. fecit et excu. Il porte le prénom de *Bonaventure.*

Portraits dirigés à droite. In-8.

4. *Moncornet* excu.

5. N. Dans un carré à claire-voie. Dans l'encadrement au-dessus et à côté de la tête on lit : Charles *Longevall*, count of Bucquoy, au-dessous cinq lignes *sent by the.*

6. N. Dans une bordure ovale travaillée, à claire-voie. Au bas trois lignes de titres, dont le dernier mot est *marescall.*

7. *Lamsvelt* del. et fe.

8. N. Dans un octogone. Au bas quatre lignes ; le premier mot est *Carolus.*

Portraits dirigés à droite. In-fol.

9. Eg. *Sadeler* delineavit et D. D. Pragæ, 1621.

Portraits dirigés à gauche. In-4.

10. P. *de Jode* sculp. ex.

11. N. Dans une bordure ovale. Sur la tablette trois lignes, *Charles* forme la première.

Portraits dirigés à gauche. In-8.

12. N. Dans le *Ritratti et Elogü di capitani illustri in Rome* 1646, portrait avec texte. Dans la troisième ligne on lit *nato in Arrasso.*

13. Balthasar *Moncornet* excud.

14. La même *planche*, moins les vers. Chez *Odieuvre.*

Portraits dirigés à gauche. In-18.

15. N. Ovale à claire-voie dans un octogone. Au bas trois lignes finissant par *marescal.*

16. N. Ovale à claire-voie. Au bas deux lignes de titres finissant par VELL. EQ.

Portraits dirigés à gauche. In-fol.

17. Petrus *de Jode* excudit.

Portraits à cheval.

18. E. *Kieser* exc. In-4. D. M. C.

19. N. In-fol. D. à g. Au bas deux lignes de titres, plus quatre vers latins finissant par *cluet.*

Il est tantôt nommé *Charles*, tantôt *Bonaventure.*

BURCH (François van der), évêque de Gand, puis archevêque de Cambray, mort en 1644, âgé de soixante-dix-sept ans.

1. N. In-fol. D. à g. Encore évêque de Gand. Sur la tablette quatre lignes finissant par *Gandavensis*.

2. N. In-8. Copie à dr. Au bas : *H. Franciscus van der Burch Gandens. episcopus.*

3. Gilles *Rocholle* sculp. In-4.

4. *Bertcher,* 1837. Lith. In-4.

BURON (N.), artiste écrivain, membre de plusieurs sociétés.

Exécuté à la plume par l'*auteur,* en son Musée d'émulation, gravé par *Lachaussée.* In-fol.

BUVES (Anne de), marquis de Linville, Couthenant, lieutenant général des armées du roi.

Spirinx sculcit et excudit. In-fol.

C

CABASSOLE (Philippe de), né à Cavaillon, fut successivement chanoine, archidiacre, prévôt et évêque de sa ville natale, puis cardinal.

N. In-4. Dans l'Histoire des cardinaux françois de *Duchesne.*

CADECOMBE (Paul de), jurisconsulte d'Avignon.

Lud. *David* del. et sculpsit, ad. W. In-fol.

CALIXTE II (Guy de Bourgogne, pape sous le nom de), fut archevêque de Vienne en 1083, puis élu pape et sacré à Clugny le 9 février 1119. Il mourut au mois de décembre 1124.

1. N. In-8. Dans l'Histoire des papes de *Cavalleriis.*

2. N. In-12. Sur bois. Dans l'Histoire des papes de *Duchesne.*

3. N. In-4. Dans l'Histoire des cardinaux françois de *Duchesne.*

4. N. In-8. Dans l'Histoire des cardinaux de l'abbé *Roy.*

5. N. In-8. Dans l'Histoire des papes de l'abbé *Novaes.*

6. N. In-8. De trois quarts à droite, dans un rond. Il porte le n° 161. Au bas quatre lignes finissant par *D.* 15.

Tous ces portraits ont le même type.

CAMART (P.-Gilles), né à Rethel le 10 mai 1571, entra chez les minimes en 1589, fut élu général de son ordre à Rome le 4 juin 1623. Il mourut à Paule en Calabre le 31 août 1624, et fut enterré dans l'église des Minimes de cette ville. Il est auteur de Sermons.

N. In-8. D. à dr. Au bas ces lignes :

P. ÆGIDIUS CAMART, Gallus Retheliensis. Prou^m Campaniæ Electus Romæ 1623 cui Paulæ defuncto 1624 suffectus fuit.

CAMBRY (Marie de la Présentation, Jeanne de).

N. sc. In-8. D. à g. Au bas ces trois lignes :

Le pourtrait de sœur Jenne Marie de la Présentation, paravant dame Jenne de Cambry.

CAMPION DE TERSAN (N. abbé), savant archéologue, graveur amateur, né à Marseille en 1736, mort à Paris en 1819.

N. sc. In-4. De profil à dr., dans un médaillon rond. Sur la bordure on lit : *Romæ aq. forti,* 1766. Au-dessous cinq lignes grecques et une sixième latine que voici :

E marmore Massiliensi.

CANU (Jean), vicaire de la paroisse de Saint-Germain-le-Vieux à Paris.

E. *Hainzelman* ad vivum del. et fe. Paris, 1681, in-8.

CAPITON (Wolffgang Fabrice), *Wolff Koepflein,* docteur en théologie, en droit et en médecine, né à Haguenau en 1478, mort de la peste à Strasbourg le 4 novembre 1541, âgé de soixante ans.

N. sc. In-4. D. à g. Dans un encadrement ovale,

les noms et titres autour. Au-dessous dix vers latins par *Elias Kolb*.

CAPPEL (Louis), *Ludovicus Capellus*, né à Paris le 15 janvier 1534, fut régent d'humanités au collége du cardinal Lemoyne, professeur d'hébreu et de théologie à Saumur, de théologie à Leyde, puis à Sedan où il mourut le 6 janvier 1586.

1. N. In-fol. D. à dr. Les noms et titres sur la bordure. Au-dessous quatre vers, le premier commence par *Qui vultum*.

2. N. In-8. Dans *Jean Meursius*, par. 246.

CARACALLA (Marc-Aurèle-Antonin), nommé *Bassianus* dans sa jeunesse, né à Lyon le 4 avril 188, fut nommé empereur des Romains le 4 février 211, tué par un centenier prétorien le 8 avril 217.

Portraits dirigés à droite.

1. Gio Batta *Toriti* dis. Ales., *Moschetti* inc. In-fol.

2. N. In-8. Profil à dr. D'après une cornaline. Au bas : *Caracalla*.

3. *Landon* direx. In-12.

4. *Normand* sc. In-18.

Portraits dirigés à gauche.

5. N. In-4. De profil. A claire-voie. Au bas *Caracalla*.

6. N. En petit. Dans la Chronologie Collée.

7. Dessiné et gravé in-fol. *à la lampe,* d'après le buste antique.

8. Franc. *Aquila* del. et sculp. In-fol. *Statue.*

CARCADO (J.-A. Poncet de la Rivière, comtesse de), femme auteur. Ses œuvres ont été publiées en 1780, après sa mort.

1. Peint par Mlle *Loir*, gravé par C. *Gaucher*.

2. Gravé par *Courbe*.

3. Gravé par *Maradan*.

4. N. In-8. Au pointillé.

5. N. Lith. de *Outhenin Chalandre*, à Besançon. Tous ces portraits ont le même type et sont

in-8. Les quatre premiers ont les six mêmes vers au bas et sont D. à dr.

CARRETTE (Jean), échevin à Lyon.

C. *Panto* pin., C. *Lauüers* fecit. In-fol.

CASSARD (Jacques), capitaine de vaisseau, fils d'un armateur de Nantes, né dans cette ville en 1672, mort au château de Ham en 1740.

1. N. sc. In-8. D. à dr., regarde à g. Il tient dans la main g. son épée, et dans la dr. un pistolet. Au bas : *Jacques Cassard*.

2. N. In-8. Copie en sens opposé dans un carré à claire-voie. Au bas : *Le capitaine Cassard*.

CASSIÈRE (Jean l'Evesque de la), cinquantième grand maître de Malte, né en Auvergne, était maréchal de l'ordre lorsqu'il fut élu grand maître en 1572 ; il mourut à Rome en 1582.

1. Ph. *Thomassinus*. In-8. Sur une feuille in-fol., avec P. Dumont et H. de Verdale. Il est de trois quarts à g.

2. Copie. In-8. A droite.

3. In-8. A g. Dans un rond. Au bas dix-neuf lignes italiennes finissant par *frazese*.

4. En petit. Sur une feuille à 56 publiée en Italie.

5. *Cars* sc. In-4.

CASTELLANE (Françoise de), marquise de Mirabeau, née en 1685, morte en 1769.

1. *Tocqué* pinx., N. *Ponce* dire. In-8.

2. *Tocqué* pinx., E.-A. *Giraud* sculp. 1788. In-8.

CATO (Ange), archevêque et comte de Lyon.

N. In-8. Dans un médaillon rond, vu de profil à dr. Dans l'Histoire de Vienne par *Charvet*.

CAULET (Jean de), nommé en 1725 évêque de Grenoble, sacré le 14 avril 1726, né le 6 avril 1693 dans le diocèse de Toulouse.

Peint par F.-S. *Delamonce,* gravé par J. *Cundier*, à Aix, 1731. In-fol.

CAUMARTIN (Jean-François-Paul Lefèvre de), évêque de Vannes en 1717, puis de Blois, reçu membre de l'Académie à l'âge de vingt-six ans, né à Châlons en Champagne le 8 décembre 1668, mort à Blois en 1733.

Crespy sc. In-8.

CAYRON (Le R. P. Pierre-Jean), de la compagnie de Jésus, décédé en odeur de sainteté à Toulouse le 31 janvier 1754, âgé de quatre-vingt-trois ans.

Peint par J.-B. *Despats,* gravé par F. *Baour.* In-fol.

CHABANNES (Jacques de), deuxième du nom, comte de la Palisse, grand maître et maréchal de France, chevalier des ordres du roi, capitaine de cent hommes d'armes, gouverneur du Bourbonnais, Auvergne, Lyonnais, Forez, Roannais, Beaujolais, la Marche, Combrailles, lieutenant général pour le roi en Italie et en Guyenne, fait maréchal le 7 janvier 1515, tué en 1525 à la bataille de Pavie.

1. N. En petit. Dans la Chronologie Collée, numéro 7.

2. N. Copie en sens opposé.

3. Dessiné par A.-R. comte de *Chabannes,* d'après le mausolée, et gravé par *Will.* In-4.

4. Peint par Emile *de Lansac,* gravé par *Lafond.* In-fol. A cheval, pour Versailles.

CHALUT (Jean), chanoine, à Belleville en Beaujolais, avril 1765.

C.-P. *Campion de Tersan* delineavit et sculpsit. In-8.

CHAMPLOST (Messire Jean-Quentin II, chevalier, baron de).

C. *Vanloo* pinx., *Jogan* sculp. In-fol.

CHAMPMESLÉ (Charles Chevillet, sieur de), acteur et auteur, né à Paris, mort dans la même ville en 1701.

Netscher pinx., S. *Dup.* sc. In-18.

CHANAC (Bertrand de), successivement évêque du Puy, archevêque de Bourges, puis cardinal.

N. In-4. Dans l'Histoire des cardinaux françois de *Duchesne.*

CHANLATTE (Nicolas), élu en 1764 cinquante-deuxième abbé de Pontigny, ordre de Cîteaux.

1. G. *Voiriot* pinx. 1766, J.-M. *Duchesne* sculp. 1772. In-fol.

2. H. *Raunheim,* 1844. Lit. In-4.

CHAPELAS (Leonardus), doctor Sorbonicus, prothonotarius, ecclesiæ sancti Jacobi à Magello pastor.

J. *Pesne* pinxit et sculpsit. In-fol.

CHAPUSET (Chrétien-Frédéric), maître de langue française à Nuremberg.

ŒD fecit. In-18.

CHARRON (Pierre), conseiller de la cour, premier chirurgien de S. M. le roi de Pologne, électeur de Saxe, associé de l'académie royale de chirurgie de Paris.

Peint par *Torelli,* gravé par L. *Zucchi.* Petit in-fol.

CHASTEAUROUX. V. Eudes.

CHASTILLON (Robert de), évêque et duc de Laon, pair de France, était trésorier de l'église de Beauvais lorsqu'il fut élu en 1210. Il mourut en 1215.

J. *Picart* incidit. Petit portrait. Dans le titre in-fol. de l'Histoire de la maison de Chastillon-sur-Marne, par André *Duchesne.* Paris, Sébastien *Cramoisy.* 1621.

CHASTILLON (Saint Charles de). V. Bretagne.

CHASTILLON (Eudes de). V. Urbain II.

CHATEAUMORAND (Diane de).

1. N. In-8. Dans un médaillon ovale, D. à g. Au bas ces vers :

> Laisse ton burin admirable,
> Graveur, quitte ce beau pourtrait,
> Sçais-tu pas que le moindre trait
> D'Astrée n'est pas imitable.

2. Ludovic *Bobrun* del., *Briot* fecit. In-8. Au bas six vers. Voici le premier :

> Du quel prends-tu plus d'auentage.

CHATEAUNEUF (Guillaume de), dix-huitième grand maître de Malte, élu en 1251, mort en 1260.

1. Ph. *Thomassinus*. In-8. De profil à g. Sur une feuille in-fol., avec P. Villebride, H. Revel et P. de Lorgue.

2. N. In-8. Copie. A dr.

3. N. In-8. De profil à g. dans un rond. Au bas dix-sept lignes italiennes finissant par *S. sede*.

4. N. En petit. Sur une feuille à 56 publiée en Italie.

5. *Cars* sculp. In-4.

CHATEAUNEUF DE ROCHEBONNE (Car.-Franc.), *Arch. comes Lugdun. Gall. primas, par Franciæ.*

N. In-fol. D. à g. Les titres ci-décrits sur la bordure qui est ovale, dans les coins les attributs d'archevêque.

CHATEAURENAUD (François-Louis de Rousse-let, marquis de), maréchal de France, chevalier des ordres du roi, né le 22 septembre 1637, servit d'abord dans l'armée de terre, entra dans la marine en 1661, capitaine de vaisseau en 1664, chef d'escadre en 1673, grand prieur de Bretagne et lieutenant général en 1681, grand-croix de Saint-Louis en 1693, vice-amiral du Levant en 1701, fait maréchal le 14 janvier 1703, lieutenant général de la haute et basse Bretagne en 1704, mort à Paris le 15 novembre 1716.

1. Chez H. *Bonnard*. In-fol. En pied.

2. Dessiné par *Graincourt* en 1780, gravé par *Hubert*. In-4.

CHATEAUROUX (Marie-Anne de Mailly, dite Mlle de Mouchy, duchesse de), née au mois d'octobre 1717, fille de Louis de Mailly, troisième du nom marquis de Neelle, et d'Armande-Félice de la Porte-Mazarin; épousa, à l'âge de seize ou dix-sept ans, le marquis de la Tournelle, dont elle devint veuve en 1742. Elle mourut en 1744.

1. J.-M. *Nattier* pinx., *Balechou* sculp. In-fol. oblong, sous la figure de *la Force*, nom que porte la gravure.

2. Peint par *Nattier*, gravé par F.-J. *Masquelier*, 1792. In-8.

3. N. In-8. Lith. de *Delpech*.

CHATELAIN (Henri), ministre protestant, né à Paris en 1684, pasteur de Saint-Martin de Londres en 1710, à la Haye en 1721, à Amsterdam en 1728. Il mourut dans cette dernière ville en 1743.

1. Ph. *Endlich* del. et sc. à Amsterdam, 1739. In-fol.

2. L. F. D. B. inv. 1744, P. *Tanjé* sc. In-8.

CHAUMONT DE LA GALAISIÈRE (Messire Ant.-Martin de), conseiller d'Etat ordinaire de sa majesté le roi de Pologne, intendant de Lorraine et Barrois.

N. In-fol. Vu de face, les titres ci-décrits autour du médaillon.

Il avait été intendant à Montauban en 1756, de Lorraine en 1758, et d'Alsace en 1777.

CHAURAY (François-René), ætatis 40 anni.

De Beaumont, officier aux gardes franç. fecit 1765, aqua forti. In-8.

CHAUVIN (Etienne), ministre protestant, né à Nîmes. Après l'édit de Nantes, il se retira à Amsterdam, puis à Berlin, où il devint professeur de philosophie. Il mourut dans cette ville en 1725, âgé de quatre-vingt-trois ans.

1. N. In-fol. D. à g. Sur la tablette ces trois lignes :

STEPHANUS CHAUVIN.
Anno ætatis suæ quinquagesimo. | CIƆ IƆ CXCXII.

2. Copie in-fol. Moins la troisième ligne.

3. Copie in-8. Sur la tablette : Stephanus Chauvin.

CHERON (Pierre), contrôleur de la maison de la reine, mort en 1742.

N. *Edelinck* sculpsit. In-fol.

CHÉTARDIE (Joachim-Jacques-Trotti, marquis de la), né en 1705, colonel en 1734 et ambassadeur en Russie en 1739, puis employé aux armées d'Italie et d'Allemagne, mort en 1758 à Hanau, dont il était gouverneur.

Bernigoroth fe. In-8.

CHEVALIER (C.), comte palatin, du sacré palais apostolique et du palais de Latran, chevalier de l'ordre militaire de l'Eperon d'or, conseiller ordinaire du roi et des Cent-Suisses, de la garde du corps de S. M., et premier médecin du corps de S. A. R., et Elec. M. l'électrice de Bavière.

Gravé par *Petit*. In-8.

CHEWIET (Georgius de), *regi in cancellaria gallo-belgica referendarius*.

Van Oost pinxit, *Gamot* sculpsit. In-4.

CHEZY (Antoine), directeur de l'école des ponts et chaussées, né à Châlons-sur-Marne en 1718, mort en 1798.

Desprée del. et sculp. In-4. Le personnage vu de profil à g., une main passée dans son gilet, est dans une bordure ovale, au bas de laquelle on aperçoit les attributs de sa profession.

CHOFFARD (P.-P.), dessinateur et graveur, né à Paris en 1729, mort dans la même ville en 1809.

P.-P. *Choffard* fecit 1762. In-18.

CIDEVILLE (P.-R. le Cornier de), ancien conseiller au parlement de Rouen, de l'académie des sciences, belles-lettres et arts de la même ville, né à Rouen en 1696, mort en 1775.

1. J.-B. *Descamps* delin., J.-B. *Hayard* fecit. In-4.

2. *Voiriot* pinx., *Bacheley* sculp. In-4.

CLAUDE (Titus Claudius), cinquième empereur romain, né à Lyon l'an 743 de Rome, empereur en 792, mort empoisonné à l'âge de soixante-trois ans.

Portraits dirigés à gauche. In-4.

1. N. Les noms autour du médaillon. Au-dessous deux lignes commençant par *Claudius* e finissant par liv.

2. N. Au bas vingt lignes en français, le dernier mot est *St-Denis*.

3. A. *Humblot* inv., *Haussard* sculp.

4. N. Sur bois. A claire-voie. Au bas ses titres, plus quatre vers latins. Il est de profil.

Portraits dirigés à gauche. In-8.

5. N. Buste sur un support. On lit le mot *Claudius* sur la face du support.

6. L. *Titien* pinx., L.-J. *Cathelin* sculp.

7. N. De profil. A claire-voie. Au bas deux lignes en latin.

Portraits dirigés à droite. In-4.

8. N. De profil. Dans un carré à claire-voie.

9. N. De profil. Sur bois, en Allemagne. Les noms sur la bordure, qui est ronde.

10. N. Dans un ovale, les noms sur la bordure. Au bas quatre vers latins.

Portraits dirigés à droite. In-8.

11. N. D'après le Titien. Dans un médaillon ovale.

12. N. Au bas quatre vers latins signés *I. Schildius*.

13. N. Médaillon entouré de *six petites médailles* représentant sa mère, sa femme et ses enfants.

Portraits in-fol.

14. F.-L. *de Ciartres* exc.

15. *Mariette* exc.

16. N. De profil. Au bas cinq lignes en français et trois en latin.

Petits portraits.

17. Dans le Promptuaire des médailles de G. *Rouillé*.

18. Dans la Chronologie Collée, suite des Empereurs.

Portraits à cheval.

19. Joan. *Stradan* inv., Adrien *Collaert* sulp. In-fol.

20. Gio. Batta *Rossi*. In-fol.

21. *Torisi* dis. Gio. *Rossi* inc. In-fol. Représenté vu de profil et vu de face sur la même feuille.

22. N. In-4. D. à dr. Au bas six vers finissant par *femme.*

CLAUSSE DE MARCHAUMONT (Côme), évêque et comte de Châlons, pair de France, abbé de Saint-Pierre-au-Mont, mort le 1er avril 1624, âgé de soixante-seize ans.

1. *Dessin* à la pierre noire. B. R. 1612, æt. 64.

2. N. In-8. D. à dr. Les noms et titres sur la bordure qui est ovale. Au bas ces vers :

> En voyant ce Nestor, on verroit un miracle
> Si j'eusse peu graver ce que l'on ne peut veoir.
> Si comme on veoit le corps on entendoit l'oracle
> De la divinité de son sacré savoir.

CLÉMENT IV (Gui le Gros), né à Saint-Gilles, dans la province de Narbonne, fut successivement évêque du Puy, archevêque de Narbonne, créé cardinal en 1261, puis élu pape à Pérouse le 5 février 1265. Il mourut à Viterbe le 29 novembre 1268.

1. In-8. Dans C. *Cavalleriis.*

2. In-12. Sur bois. Dans l'Histoire des papes de *Duchesne.*

3. In-4. Dans l'Histoire des cardinaux françois de *Duchesne.*

4. In-8. Copie du précédent. Dans l'Histoire des cardinaux de l'abbé *Roy.*

5. In-8. Dans l'Histoire des papes de l'abbé *Novaes.*

6. Très-petit portrait. Dans la Chronologie collée, n° 190.

CLÉMENT V (Bertrand de Goth ou Goëth, pape sous le nom de), né à Villandrau (Gironde), diocèse de Bordeaux, fut nommé évêque de Com-minges en 1295, archevêque de Bordeaux en 1299, élu pape le 5 juin 1305, couronné à Lyon le 11 décembre de la même année, mort le 20 avril 1314 à Roquemaure.

1. In-8. Dans *Cavalleriis.*

2. In-12. Sur bois. Dans l'Histoire des papes de *Duchesne.*

3. In-4. Dans l'Histoire des cardinaux françois de *Duchesne.*

4. In-8. Dans l'Histoire des papes de l'abbé *Novaes.*

CLÉMENT VI (Pierre-Roger de Maumont), né au château de Malemont ou Maumont, au diocèse de Limoges, fut bénédictin à la Chaise-Dieu en Auvergne, prieur de Saint-Pantaléon, au diocèse de Limoges, puis de Saint-Bandille près Nîmes, abbé de Fécamp, successivement évêque d'Arras, archevêque de Sens et de Rouen, cardinal-prêtre du titre des saints Nérée et Aquilée, élu pape en 1342, mort à Avignon le 6 décembre 1352.

1. In-8. Dans *Cavalleriis.*

2. In-12. Sur bois. Dans l'Histoire des papes de *Duchesne.*

3. In-4. Dans l'Histoire des cardinaux françois de *Duchesne.*

4. In-8. Dans l'Histoire des cardinaux de l'abbé *Roy.*

5. In-8. Dans l'Histoire des papes de l'abbé *Novaes.*

6. P. *Raverat* del., E. *Leblanc* sculp. In-4.

CLÉMENT (Nicolas), conseiller du duc de Lorraine et procureur général de Vaudemont.

Woeiriot sc. 1589. In-12. Dans une bordure ronde avec ornements, ses noms et titres en latin sur la bordure.

CLERAMBAULT (N.), organiste du roi, en sa royale maison de Saint-Louis à Saint-Cyr et de Saint-Sulpice.

L. (*Lempereur*) sculp. In-fol. B. de l'A.

CLERMONT DE CHASTE GESSANS (Annet de), cinquante-huitième grand maître de Malte, bailli de Lyon, élu grand maître en 1660.

1. In-8. De trois quarts à g. Dans un rond à claire-voie. Au bas treize lignes italiennes finissant par *anni*.

2. *Cars* sculp. In-4.

CLERMONT (Jean-Louis), de Rennes.

Bar fecit. In-4. On lit autour du médaillon : *Vera effigies Joannis Ludovici de Claramonta occitani doctoris Parisiensis ætatis* 50. — 1658.

CERMONT-TONNERRE (Gaspard, maréchal, duc de), pair de France, connétable, grand maître héréditaire et premier commis de la province de Dauphiné, chevalier des ordres du roi, lieutenant général pour sa majesté en la province de Dauphiné, gouverneur des ville et citadelle de Belfort, etc., né en 1688, mort en 1781.

1. L. *Capitaine* ing. géogr. du roi sculp. In-fol.

2. Par le même. In-fol. plus grand.

3. *Patas.* In-8. Pour le sacre de Louis XVI. Au bas : *Habillement de connétable.*

CLOUG ou KLUG (Le Sr Thomas de), major général d'infanterie, commandant de l'artillerie et colonel d'infanterie de l'armée du roi de France en Allemagne.

1. G. *Strauch* delineavit, A. *Khol* sculpsit. In-4.

2. In-8. D. à dr. Au bas cinq lignes allemandes, la première commence par les mots *Thomas Kluge.*

COCHIN (Claude-Denis), écuyer, doyen des anciens échevins et des juges-consuls de Paris.

Dessiné et gravé par *Plée.* In-fol.

COCHIN (Jean-Baptiste-François), docteur de la faculté de Paris, aumônier honoraire et pensionnaire du roi, aumônier de la cour des monnaies, curé de Saint-Michel de Carroy, etc., né à Paris le 12 août 1727.

V angelisty sculp. In-4.

COLBERT DE CROISSY (Charlotte), abbesse de l'abbaye royale de Maubuisson, née le 26 mai 1678, morte le 26 mars 1765.

Gravé par Madelene *Igonnet* en 1765. In-4.

COLIGNY (François, comte de), de Chastillon, colonel de l'infanterie française, gouverneur de Rouergue et de Montpellier, amiral de Guyenne en 1590, mort en 1591, âgé de trente-quatre ans.

N. In-4. D. à dr. Au bas les titres ci-décrits.

Fils de l'amiral de Coligny, tué à la Saint-Barthélemy, et de Charlotte de Laval. Il naquit à Chastillon le 28 avril 1557. Il se réfugia à Genève. Après la mort de son père, il rentra en France, se joignit au parti des mécontents en Languedoc, fut pourvu du gouvernement de Montpellier et du pays de Rouergue en 1586 par le roi de Navarre, qui lui donna la charge de colonel général de son infanterie, puis amiral de Guyenne.

COLIGNY (Louise de), fille de l'amiral de Coligny et de Charlotte de Laval, épousa en premières noces, le 26 mai 1572, Charles, seigneur de Téligny, massacré à la Saint-Barthélemy, épousa en secondes noces le 12 avril 1583 Guillaume Ier de Nassau, assassiné par Balthasar Girard, fanatique. Elle mourut en 1620.

1. Crisp. *van Quebor* figuraf. et sculp. In-4.

2. G. *Schagen* excud. In-4.

3. C. *Wischer* exc. In-4.

4. Joh. de *Visscher* sculp. In-4.

5. Mich.-Joh. *Mirevelt* pinx., Guillaume-Jac. *Delphius* sculp. In-fol. major.

6. *Mirevelt* pinx., J. *Houbracken* sculp., 1755. In-fol.

7. A. *Schouman* del., n'aar t'original, J. *Houbracken* fecit. In-4.

COLLONGES (Hugues de), chanoine et comte de Brioude.

De la Roussière sculp. In-fol.

Le personnage D. à dr. est dans une bordure

carrée formée de feuilles de chêne. Les noms de l'artiste au-dessous de la gravure à gauche.

COLMY (Pierre de), né en Provence, fut chanoine de Notre-Dame d'Amiens, prévôt de Saint-Omer, légat en Albigeois et au diocèse d'Agen, archevêque de Rouen et enfin cardinal.

1. N. In-4. Dans l'Histoire des cardinaux françois de *Duchesne.*

2. N. In-8. Copie. Dans l'Histoire des cardinaux de l'abbé *Roy,* t. III.

COLOMBE l'aînée (Mlle), actrice, née à Venise le 29 octobre 1754, pensionnaire du roi, reçue à la comédie italienne en 1773.

1. Dessinée d'après *Lemoine,* gravée par *Delatre.* In-8.

2. F. *Coutellier* sculp. In-fol.

3. N. In-8. Imprimée en couleur, dans un ovale. D. à g. Copie du précédent. Au bas en deux lignes :
Mlle Colombe l'aînée | dans la colonie.

4. Dessinée et gravée par *Patas.* In-fol. En pied.

COMBLES (François de), ministre du saint Evangile à Metz, âgé de soixante-seize ans. 1633.

1. N. In-12. Les titres dans l'ovale.

2. N. In-12. Les titres au bas.

Tous deux sont dirigés à gauche.

COMPS (Arnaud de), troisième grand maître de Malte, né en Dauphiné, nommé grand maître en 1163, mort en 1167.

1. Ph. *Thomassinus.* In-8. De trois quarts à g. Sur une feuille in-fol., avec G. Tum, R. Dupuy et A. de Balben.

2. N. In-8. Copie à dr.

3. N. In-8. Dans un rond à claire-voie.

4. En petit. Sur une feuille à 56 publiée en Italie.

5. N. In-12. Dans la Chronologie collée, suite des grands maîtres.

6. *Cars* sculp. In-4.

COMPS (Bertrand de), seizième grand maître de Malte, né en Dauphiné, fut nommé grand maître en 1244, mort en 1248 aux environs d'Antioche.

1. Ph. *Thomassinus.* In-8. De profil à g. Sur une feuille in-fol., avec G. Lerat, G. de Montaigu et Gerin.

2. N. In-8. De profil à dr. Copie.

3. N. In-8. De profil, dans un rond. Au bas treize lignes italiennes finissant par 1248.

4. N. En petit. Sur une feuille à 56 publiée en Italie.

5. In-12. Dans la Chronologie collée, suite des grands maîtres.

6. *Cars* sculp. In-4.

CONDILLAC (Etienne Bonnot de), écrivain philosophe, membre de l'Académie française, né à Grenoble vers 1715, mort le 2 août 1780 dans sa terre de Flux près Beaugenci.

Portraits dirigés à droite.

1. *Baldrighi* pinx., J. *Volpato* scul. Parmæ. In-4.

2. Dessiné par P. *Duval,* gravé par *Clément.* In-4.

3. Par *les mêmes.* In-8.

4. N. *Ransonnette* sc. In-8.

5. N. In-12. Dans un médaillon rond. Au bas trois lignes finissant par 1780.

6. *Baldrighi* pinx., *Landon* direx. In-12.

7. *Blanchard* del. et sculp. In-18.

8. *Legrand* lith. In-4.

Portraits dirigés à gauche.

9. F.-G. *Lardy* sc., 1789. In-12.

10. Peint par *Baldrighi,* gravé par P.-M. *Alix.* In-fol.

11. *Grevedon* lith. In-4.

CONTANT D'IVRY (Pierre), architecte du roi, né à Ivry-sur-Seine le 11 mai 1698.

Houel, peintre du roi, del., *Vangelisty* sculp. In-fol.

CONTANT DE LA MOLETTE (Philippe du),

littérateur, né en Dauphiné en 1739, mort sur l'échafaud révolutionnaire en 1793.

Pourvoyeur pinx., *Patas* sc. In-12.

CORIOLIS (Jean-Bernard de), licencié de Sorbonne, aumônier ordinaire de feu monseigneur le duc de Berry, abbé de Gaillac et de Cruas.

Vanloo p., *Cundier* sculp. Petit in-fol.

CORNEILLE (Marie-Angélique), descendante du grand Corneille, meunière au village de Tilly près Vernon (Eure).

Gault del., *Vangelisty* sc. In-fol.

CORNILIAN (Pierre de), vingt-septième grand maître de Malte, né en Provence, élu grand maître en 1353, mort en 1355.

1. Ph. *Thomassinus*. In-8. De trois quarts à g. Sur une feuille in-fol., avec Mᵉᵉ de Pagnac, H. de Villeneuve et D. de Gozon.

2. Copie in-8, à dr.

3. N. In-8. Dans un rond. De trois quarts à g. Au bas dix-huit lignes finissant par 1355.

4. N. En petit. Sur une feuille à 56 publiée en Italie.

5. *Cars* sculp. In-4.

COSNAC (Bertrand de), évêque de Comminges, puis cardinal.

N. In-4. Dans l'Histoire des cardinaux françois de *Duchesne*.

COSSA (Jean), comte de Troyes, seigneur de Grimault, sénéchal de Provence, accompagna René d'Anjou à Lyon, et porta la parole dans l'entrevue que ce roi eut avec Louis XI.

N. In-8. Dans *Montfaucon*.

COSSÉ (Jean-Paul-Timoléon de), duc de Brissac, pair, maréchal et grand pannetier de France, etc., gouverneur et lieutenant général de la ville, prévôté et vicomté de Paris, né le 12 octobre 1698, mort en 1784.

1. *Pougin de S.-Aubin* p., *Gaucher* del. et sc., 1772. In-4.

2. *Pougin de S.-Aubin* pinx., *Dossier* et *Hubert* sculp. In-4.

3. *Marillier* pinx., *Lebeau* sculp. In-8.

4. *Patas* sc. In-8. En pied, pour le sacre de Louis XVI. Au bas on lit : *Habillement du capitaine des cent Suisses de la garde du roy*.

COTTE (Jules-François de), maître des requêtes, intendant du commerce, année 1775.

Dessiné par *Carême*, gravé par *Demarteau*. In-fol.

COUCY (Raoul de), châtelain de Coucy.

N. sc. In-18. Dans un cadre ovale posant sur un support, sur la face duquel on voit une lyre. A dr. et à g. de la lyre les noms ci-décrits.

COUPERIN (F.), organiste de la chapelle du roi.

Bouys pinx., *Flipart* sculp., 1735. In-fol.

COURTENVAUX. V. Tellier.

COURTET (B. M. P. E. Guillaume), de l'ordre des frères prêcheurs, missionnaire au Japon, martyrisé dans la ville de Nangasacki le 29 septembre 1633.

N. sc. Petit in-fol. En pied. D. à dr. Au bas cinq lignes de titres finissant par : *die 29 sep. anno* 1633.

COUSTOU (Guillaume), sculpteur du roi, fils de Guillaume Coustou de Lyon, aussi sculpteur du roi, naquit à Paris en 1716 et mourut dans la même ville en juillet 1777.

C. N. *Cochin* fils delin., August. *de S.-Aubin* sculp., 1770. In-4.

COUSTURIER (Jean), abbé de Saint-Pierre-de-Chaumes, docteur de la sacrée faculté de Paris, sixième supérieur du séminaire de Saint-Sulpice, mort à Paris le 30 mars 1770 âgé de quatre-vingt-un ans et près de six mois.

J.-S. *Duplessis* pinx., 1771, P. *Maleuvre* sc., 1772. In-fol.

COUTURIER DE FOURNOUE (Joseph), abbé de Pébrac, comte de Brioude et archidiacre de Tarbes.

Schenau del., 1763, Louis *Halbou* sc., 1765. In-fol.

COYPEL SAINT-PHILIPPE (Mme), épouse du frère de Charles Coypel, premier peintre du roi.

1. Peint par Charles *Coypel*, écuyer, premier peintre du roi, gravé par Renée-Elisabeth *Marlié-Lépicié*. 1751. In-fol.

2. Contre-épreuve.

Ces deux portraits sont à la B. R., OEuvre de *Coypel*, 1er vol.

Au lieu du nom on lit au-dessous, en deux lignes : *La Jeunesse sous les habillements de la Décrépitude.*

Elle est assise à dr. de l'estampe, dans une échoppe d'osier cintrée par le haut ; elle a les mains croisées ; elle tient dans la main gauche une paire de lunettes, et a le bras gauche passé dans un cordon attaché à une béquille.

CRAVETA (JOANNES-AYMON), *Delphinas, ex dominis Genoliæ*, théologien, jurisconsulte et mathématicien. A l'âge de quarante-neuf ans.

N. sc. Petit in-fol. Il est D. à dr.

CRESPET (E.-PIERRE), prieur des Célestins de Paris, âgé de quarante-sept ans en 1590 (*E. Petrus Crespetius celestin. Parisi. pri. ætatis* 47. 1590).

Thomas *de Leu* fecit. In-8.

CROISMARE (M.-A.-N.), marquis de Lasson.

Dessiné par C.-N. *Cochin* fils, gravé par *Halm*. In-4.

CROMOT (JULES-DAVID), premier commis des finances et payeur des rentes de l'hôtel de ville, contrôleur du marc d'or en 1754.

Fessard sc. In-fol.

CROY (EUSTACHE DE), comte de Roueux et du saint-empire, etc., gouverneur et capitaine général de la province de Lille, Douai et Orchies, fils de Claude de Croy, comte de Roueux, et d'Anne d'Estourmel. Il mourut en 1633.

B. *Clerbau* delineavit, F. de *Boulonois* fecit. In-8.

D

DAILLON DU LUDE (RENÉ DE), fils de Jean de Daillon, premier comte de Lude, et d'Anne de Batarnay, fut nommé à l'évêché de Luçon qu'il quitta pour l'abbaye des Chastelliers, fut fait commandeur de l'ordre du Saint-Esprit le 31 décembre 1579, nommé ensuite évêque de Bayeux, mort en 1600.

Dessin in-fol. à l'encre de Chine. B. R.

DAMADE-BELLER (N.), né à Castillon-sur-Dordogne.

Notté del., *Godefroy* direx. In-fol. En pied.

Il est représenté entre Target et Elie de Beaumont, ses défenseurs ; il porte le bras en écharpe, ayant reçu plusieurs coups de sabre des trois frères de Queissat, qu'il n'avait pas voulu saluer.

DAMAS-MARILLIAT (ROGER-JOSEPH), chanoine doyen et comte de l'Eglise de Lyon.

Cars fecit Lugduni. In-fol.

DAMIENS (ROBERT-FRANÇOIS), né le 9 janvier 1715 dans le hameau de Tieuloy, paroisse de Monchy-le-Breton en Artois, exécuté à Paris le 28 mars 1757, pour tentative d'assassinat sur le roi Louis XV.

1. N. In-4. Dans une bordure cintrée. Au bas ces vers :

Le voilà ce cruel, ce furieux Damien.
Il lève son bras détestable
Pour nous priver du roi le plus aimable,
Mais le bras du Seigneur est plus fort que le sien.

2. N. In-12. De profil à dr. Dans un carré. Au bas quatre lignes de texte finissant par *France*.

3. E. *Gautier* lapide sculp. In-8.

4. N. In-fol. Sur un matelas, attaché par des courroies qui se croisent en tous sens.

5. N. In-fol. oblong. Son exécution le 28 mars 1757.

6. N. In-fol. Représenté deux fois dans la même estampe : 1° en buste ; il tient son couteau à la

main; 2° au-dessous; il est représenté attaché sur son grabat dans la prison de la tour Montgomery, gardé par quatre soldats. Il a la tête à dr.

7. N. In-fol. oblong. Attaché et gardé par quatre soldats; deux ont l'arme au repos, un troisième le fusil sur l'épaule. Il a la tête à dr.

8. N. In-4 oblong. La tête à g., attaché sur son grabat et gardé par quatre soldats, l'arme au repos.

9. N. In-8 en hauteur. Attaché sur son grabat par des courroies qui se croisent en tous sens. Il est seul.

10. N. In-fol. oblong. Attaché sur son grabat; quatre soldats ont l'épée nue; deux magistrats sont assis à une table, la plume à la main.

DAMPIERRE (Henri Duval, comte de), général au service de l'empereur Rodolphe II, gouverneur de la Moravie, né en 1580 à Hans en Champagne; il battit plusieurs fois les Turcs, comprima la révolte des protestants en Bohême. Il mourut en 1620 devant Presbourg.

1. W. *Kilian* exc. In-4. D. à dr. Au bas six lignes en latin.

2. N. In-4. D. à dr. Au bas les mêmes lignes n'en font que quatre.

3. N. In-4. D. à dr. Les noms en latin sur la bordure et répétés au bas en hollandais.

4. N. In-4. D. à g. Les six lignes du numéro 1 réduites à quatre.

Tous ont le même type.

DAMPIERRE (Monsieur de), écuyer de la reine et garde des chasses de Louis XV.

Gravé par D.-L. *Henriquez*. In-4. Au bas ces vers :

> Imités ce parfait chasseur
> Animé d'une noble ardeur,
> D'un grand roi serviteur fidèle,
> En tous tems lui prouvant son zèle.
> La parque a terminé ses jours.
> Que n'a-t-il pu vivre toujours?

DANCRET (Elisabeth), dite la Chanteuse (elle a débuté en 1694).

N. In-18. En pied. D. à g. Au bas ses titres forment deux lignes.

DANET (Guillaume).

Vaxcillere pinx., L. G. *Taraval* sculp. In-8.

DAPS (Ermengard d'Aps, ou de), neuvième grand maître de Malte, élu grand maître en 1187, mort à Acre en 1192.

1. Ph. *Thomassinus*. In-8. De trois quarts à g. Sur une feuille in-fol., avec G. de Napoli, G. de Duisson et A. de Portugal.

2. N. In-8. Copie à dr.

3. N. In-8. De trois quarts à dr. Dans un rond. Au bas dix-huit lignes italiennes finissant par 3 *di mag.*

4. En petit. Sur une feuille à 56 publiée en Italie.

5. *Cars* sculp. In-4.

DARQUIER (Antoine), suivant la Biographie universelle *Augustin*, astronome, né à Toulouse le 23 novembre 1718, mort dans la même ville le 18 janvier 1802.

France pinx., *Vidal* sculp. In-fol.

DAVAUX (Jean-Bap.), musicien compositeur, né en Dauphiné en 1740, mort à Paris en 1802.

C.-N. *Cochin*. In-12.

DAVIEL (Jacques), chirurgien du roi par quartier, et oculiste de sa majesté, né le 11 août 1696 à Barre, près Evreux, mort le 30 septembre 1762 à Genève.

F. *de Voge* invenit et fecit, N. *Lemire* sculp. Petit in-fol.

Gravure allégorique où le personnage est représenté en pied et en buste.

DECALOGNE (J.-L.-M.-G.), ou *l'Ecolier vertueux*, né à Ancre en Picardie le 2 juillet 1752, mort à Paris le 23 décembre 1768.

1. F. *Mauperin* pinxit, 1772, Ch. F. *Letellier* sculp., 1773. In-12.

2. N. In-12. D. à dr. Copie en sens opposé.

DELACROIX (La V. M. Françoise), institutrice des religieuses hospitalières de la Charité-Notre-Dame.

Tardieu filius sc. In-8.

DELAPLANCHE (Jean-Baptiste), membre et démonstrateur du collége de pharmacie de Paris, né dans cette ville le 1er juin 1748.

Charme pinx., *Carrée* sc. In-8.

DE LAULNE (Simon-Jean), bachelier de Sorbonne, né à Paris le 17 juin 1694, mort à Chilly le 19 mai 1775.

C. *Beauvais* pinx., L. *Legrand* sculp. In-8.

DELILLE (Jacques), poëte, né à Aigueperse (Puy-de-Dôme), fils naturel d'un avocat nommé Montanier, successivement professeur d'humanités au collége d'Amiens, à celui de la Marche à Paris, reçu membre de l'Académie en 1774, nommé professeur de poésie latine au collége de France, mort à Paris le 1er mai 1813.

Portraits dirigés à droite.

1. Dessiné par *Sophie* le C. D., gravé par *Miger*. In-4.

2. Dessiné par *Quenedey*, gravé par *Chrétien*. In-18. Lettre G. 38.

3. Peint par J.-L. *Monnier*, gravé par J. *Young*. In-fol.

4. Peint par J.-L. *Monnier*, gravé par J.-L. *Benoist*. In-8.

5. Peint par J.-L. *Monnier*, gravé par Antoine *Cardon*. In-8.

6. Mad. *Lebrun* pinx., *Fremy* del. et sculp. In-8.

7. A. *Pujos* pinx., *Lecerf* sculp. In-8.

8. N. In-8. Pour le Journal des artistes.

9. N. In-18. Type du n° 7. Médaillon ovale avec ornements. Au-dessous une vignette, et plus bas ces trois lignes :

J. Delille, | l'un des quarante de l'Acadᵉ | française.

10. N. In-18. Mêmes observations du précédent.

11. P. *Plée* sc. In-8.

12. N. In-8. Sur la tablette, ses noms et titres, et plus bas quatre vers par Voltaire. Type du n° 7.

Portraits dirigés à gauche.

13. A. *Pujos* ad vivum 1777 vin., *Vangelisty* sculp., 1777. In-fol.

14. *Villays* sc. In-4.

15. N. In-8. Au bas vingt vers.

16. J.-L. *Monnier* pinx., A. *Saint-Aubin* sc. In-8.

17. J.-L. *Monnier* p., madame *Soyer* sc. In-8.

18. N. In-8. Au bas quatre vers français par *Coriolis.*

Portraits de face.

19. *Henard* pinx., *Chesman* sculp. In-8.

20. Gravé par P.-M. *Alix*, 1813. In-fol.

Portraits en pied.

21. *Faussel* del., L. *Guyot* sculp. In-8.

22. *Desenne* del., *Coupé* sculp. In-8.

23. Dessiné par M. le comte *Potowicki*, palatin polonais, N. sc. In-fol. Assis. Portrait caricature. Il dit au chou et au navet :

Non, je ne vous digérerai jamais.

Rivarol.

Mort.

24. Dessiné par *Girodet-Trioson* le 2 mai 1813, P. *Sudré* lith.

DELORME (Marion), célèbre courtisane, née en Champagne, dans le commencement du xviiᵉ siècle, morte dans un âge fort avancé. Quelques auteurs même la font vivre jusqu'à l'âge de cent trente-quatre ans.

1. Dessiné par *Dugoure* d'après *Champagne*, gravé par *le Bert*. In-8.

2. Aug. *de Saint-Aubin* sc. In-8.

DEMACHY (Jac.-Fr.), pharmacien, professeur public depuis 1767, membre de diverses académies et de celle de médecine, auteur de divers ouvrages sur la chimie, et de fables, contes et comédies, né à Paris le 30 août 1728, mort dans la même ville en 1803. Agé de trente-neuf ans en 1767.

Violette pinx., *Bosse* sculp., 1767. In-4.

DENIS (Pietro), auteur d'une Méthode pour apprendre à jouer de la mandoline.

N. sc. In-4. D. à g. Il est en tête de la deuxième partie de sa Méthode.

DESALLIER D'ARGENVILLE (Antoine-Joseph), naturaliste, conseiller du roi en ses conseils, maître ordinaire de la chambre des comptes, des sociétés royales des sciences de Londres et de Montpellier, et des académies des Arcades et de la Rochelle, né à Paris en 1680, mort dans la même ville en 1766.

Hyac. *Rigaud* pinx., Vin. *Vangelisty* sculp. 1775. In-4.

DESALLIER D'ARGENVILLE (Antoine-Nicolas), fils du précédent, conseiller du roi, maître honoraire en la chambre des comptes, de l'académie royale des belles-lettres et de la Rochelle, auteur de divers ouvrages, mort en 1794.

Weiler pinx., *Ridé* sc. In-8.

DESCAZEAUX DU HALLEY (le chevalier Michel), né à Paris le 10 août 1710, et tiré d'après nature à la prison de la Fleet à Londres, par M. *Banks*, Suédois, en 1746.

Beauvais sculpsit effigiem. 1747. In-fol.

Le personnage, habillé en Turc, tient un sabre d'une main et de l'autre un papier sur lequel on lit : *là Louisquinziade.*

Au-dessous du portrait ces vers :

Je suis (cet habit n'y fait rien)
Non mahométan, mais chrétien.
Délaissé de l'ingrate Europe,
En tant qu'autheur du *nœud gordien*,
J'ay droit de changer d'enveloppe.

DESHAYES (J.).

Le Sr *de la Marqueterie* in. et fecit. In-8.

Portrait pour le compas de proportion mis en son jour par le sieur *Deshayes.*

DESMONCEAUX (M. l'abbé), pensionnaire du roi.

Lesueur pinx., B.-A. *Nicollet* sculp. In-4.

DESMOULINS (Roger), septième grand maître de Malte, élu en 1179, mort dans un combat contre les Sarrasins.

1. Ph. *Thomassinus.* In-8. De profil à g. Sur une feuille in-fol., avec Assaly, Gasti et Joubert.

2. N. In-8. Copie à dr.

3. N. En petit. Sur une feuille à 56 publiée en Italie.

4. N. In-8. De trois quarts. Dans un rond à claire-voie. Au bas dix-sept lignes italiennes finissant par *magistero.*

5. *Cars* sculp. In-4.

DESPREZ (Pierre), né près Montpezat en Quercy, successivement évêque de Riez, archevêque d'Aix, puis cardinal.

N. In-4. Dans l'Histoire des cardinaux français de *Duchesne.*

DESROCHES (Madeleine Leneveu, dame) épouse du sieur Fredenoit, seigneur des Roches femme auteur, née à Poitiers, morte dans la même ville en 1587, victime de la peste qui la désolait

C.-P. *Marillier* inv., N. *Ponce* sc., 1772. In-8 oblong. Sur une feuille avec sa fille.

DESROCHES (Catherine), fille de la précédente et comme elle femme auteur, née à Poitiers, morte dans la même ville en 1587, victime de la peste ainsi que sa mère, et le même jour.

C.-P. *Marillier* inv., N. *Ponce* sc., 1772. In-8 oblong. Sur une feuille avec sa mère.

2. N. sc. In-8. En pied. Costume numéro 23.

DESVIGNOLES (Alphonse), ministre protestant

savant chronologiste, né en 1649 en Languedoc, fut pasteur à Aubais, puis au Cayla; interdit du ministère en 1685, il quitta la France au mois de décembre de la même année, arriva à Berlin au mois de mai 1686, exerça durant trois ans à Schwedt, aux frontières de la Poméranie ou à Hall, puis transféré à Brandebourg, où il demeura pendant quatorze ans, et vint ensuite à Berlin où il est mort en 1744.

Peint par G. *Liszewski* en 1729, gravé par *Wolffgang*, à Berlin en 1734. In-4.

Ce portrait est en tête de la Chronologie de l'histoire sainte.

DICQUEMARE (JACQUES-FRANÇOIS), célèbre naturaliste, membre de plusieurs académies, né au Havre de Grâce le 7 mars 1733, mort le 29 mars 1789, âgé de cinquante-six ans.

Gravé et présenté à M. l'abbé *Dicquemare* par son ami *Nicollet*. In-4.

DOLET (ETIENNE), littérateur, célèbre imprimeur, né en 1509 à Orléans, exerça pendant trois ans à Venise la place de secrétaire d'ambassade auprès de Langiac. De retour en France, il s'établit imprimeur à Lyon, où il fut mis en prison; de là, transféré à Paris, condamné à mort et brûlé comme athée en 1546. Un auteur contemporain rapporte que l'exécution eut lieu le jour de *Saint-Etienne*, sur la paroisse *Saint-Etienne*, et qu'il se nommait *Etienne*.

1. N. In-8. Dans le livre de Nicolas *Reusner*, *Icones sive imagines vivæ*, etc.

2. N. Eau-forte. In-8. Copie du précédent.

DORAT (CLAUDE-JOSEPH), poëte, originaire du Limousin, destiné à la magistrature, entra dans les mousquetaires d'où il sortit pour se livrer à la littérature, naquit à Paris le 31 décembre 1734, et mourut dans la même ville le 29 avril 1780.

1. *Denon* del., Aug. *de Saint-Aubin* sculp., 1767. In-8.

Ce portrait est en tête des Lettres en vers. *Paris,* Sébastien *Jorry*. 1767.

2. Gravé par *Dupin*. Petit in-4.

3. *Queverdo* delineavit, *Lebeau* sculp. In-4.

4. Dessiné par *Denon,* gravé par *Delvaux.* 1789. In-18.

5. *Denon* del., P. *de Launay* sc. In-18.

6. *Hoin,* de l'académie royale de Toulouse, etc., inv. et del., M. *Fessard,* sculp. In-4.

7. N. Lith. in-12, dans un carré. D. à g.

Tous ces portraits sont de profil et ont le même type.

DORLÉANS DE LA MOTTE (LOUIS-FRANÇOIS-GABRIEL), né à Carpentras en 1683, nommé évêque d'Amiens en 1733, sacré le 4 juillet 1734, abbé de Valloire en 1742, mort à Septfons le 10 juin 1774.

1. *Bourgeois* sc. In-8. D'après une esquisse par *Lesueur*.

2. *Hubert* sc. In-8.

3. Vin. *Vangelisty* del. et sculp. In-4.

4. Peint par *Lesueur,* gravé par J.-B. *Bradel.* In-4.

5. Par *le même*. In-8.

6. N. In-8. D. à dr. Copie du précédent. Au bas trois lignes finissant par 1774.

La Biographie universelle le présente comme le modèle des pasteurs, l'exemple de son clergé et l'apôtre de son diocèse. Ce fut cependant sous son épiscopat que fut condamné à mort le chevalier de la Barre; il aurait pu et dû empêcher cette exécution.

DORSCHE, *Dorschæus* (JEAN-GEORGES), ministre et théologien protestant, auteur d'un grand nombre d'ouvrages, né à Strasbourg en 1597, mort à Rostock en 1659.

1. B. *Kilian* sc. In-4.

2. J.-C. *Steinberger* sc. In-4.

3. P. *Aubry* excud. In-8.

4. N. In-18. D. à g. Au bas ces deux lignes : JOH. GEORG. DORSCHÆUS, | theol. D. Rostock.

5. J. B. 1637. In-8. Agé de quarante ans.

6. N. In-8. Dans un carré. D. à dr. Au bas quatre lignes en latin finissant par 1652.

DOURDET (N.), acteur.

L. *Vigée* pinx., F. *Basan* sc. In-fol.

Sur l'estampe il porte le nom de *Nicodème*. Au-dessous, douze lignes divisées en quatre parties. Voici les trois premières :

Ma mi, Babichon,
C'est que j'n'osois pas
Danser d'vant tout le monde.

Voyez à la B. R. le volume 1 du cabinet *Basan*.

DREUX (Robert V, comte de) et de Braine, seigneur de Saint-Valery, Dommart et Château-du-Loir, fils de Jean II et de Jeanne de Beaujeu, dame de Montpensier. Il mourut le 22 mars 1329, et fut enterré dans l'église collégiale de Saint-Etienne de Dreux.

N. In-8. Dans *Montfaucon*.

DREUX (Robert de), seigneur de Beaussart et de Berreville, vidame et baron d'Esneval et Pavilly, fils de Gauvain de Dreux, deuxième du nom, et de Jeanne d'Esneval, fut capitaine de Rouen. Il mourut le 18 juin 1478 à Rouen, et fut enterré dans l'église des jacobins de cette ville.

N. In-8. Dans *Montfaucon*.

GUILLEMETTE DE SÉGRIE, sa femme, fille de Louis de Ségrie, seigneur de Morainville et d'Isabelle de Boissy. Elle mourut en 1490. Elle est enterrée avec son mari.

N. In-8. Dans *Montfaucon*.

DREUX (N. marquis de), grand maître des cérémonies.

N. In-fol. En pied. Pour le sacre de Louis XV, en costume de grand maître des cérémonies.

DROUAS DE BOUSSEY (Claude), né en 1713 dans le diocèse d'Autun, sacré évêque et comte de Toul en 1754.

1. Gravé par D. *Collin*, à Nancy. Petit in-fol.

2. Dessiné et lith. par *l'abbé Morel*. In-8.

DU-BOSQUET (Bernard), chanoine de Bordeaux, archevêque de Naples en 1365 et cardinal en 1368.

1. N. In-4. Dans l'Histoire des cardinaux françois de *Duchesne*.

2. N. En petit. D. à dr. Au bas : *Bernard du Bosquet*.

DUBREUIL, de l'Opéra, dansant la Scaramouche. Chez *Bonnart*. En pied. In-fol.

DUBUISSON (Etienne), peintre parisien.

Dessin in-fol. à l'encre de Chine, par Marie *Jorel*, sa femme. A la B. R., collection des peintres.

DUCOUDRAY (Angélique-Marie Boursier, femme), sage-femme, auteur d'un Abrégé de l'art des accouchements (Paris, 1759), née en 1714, morte en 1789.

1. Gravé par J. *Robert*. In-8. Au bas ces vers :

Sçavante Ducoudray, tu te couvres de gloire,
Ton âme et ton génie t'ouvrent le plus beau champ.
Le héros destructeur, prodigue de son sang,
Vient à travers les morts au temple de mémoire,
Ton art conservateur t'y place au premier rang.

2. *Lecler*, 1833, lith. In-4.

DUCREUX (Jacques), cordelier, docteur et gardien du couvent de Paris.

1. N. sc. In-fol. D. à dr. Dans un encadrement ovale, il tient son bonnet de la main droite dont on aperçoit le pouce ; sur le support à droite du médaillon, on voit le chiffre 1663.

2. *Humbelot* sculp., 1666. In-fol. Dans un encadrement ovale, à g. duquel on lit le nom du graveur. Le personnage est D. à g.

DUCREUX (Joseph), peintre, né à Nancy en 1737, fut le seul élève de la Tour. Il mourut en 1802, sur la route de Paris à Saint-Denis, frappé d'apoplexie.

D. C... pinx., L. C. T... sculp. In-fol. En pied. Au-dessous on lit : le joueur, et plus bas :

Il faut que de mes maux enfin je me délivre,
J'ai cent moyens tout prêts pour m'empêcher de vivre :
La rivière, le feu, le poison et le fer.

Regnard.

Il est coiffé d'un chapeau. D. à g. regarde de face.

DUFLOS (Claude), graveur, né à Coucy-le-Château (Aisne) en 1665, mort à Paris le 19 septembre 1727.

Peint par Wan *Heist*, gravé par Cl. *Duflos*, son fils. In-fol.

DUFLOS (Filateo).

P. Ant. *Pazzi* del. et sculp. In-fol.

DUFOUR (Vital), né à Bazas en Guyenne, religieux minime, docteur en théologie, cardinal-évêque d'Albe.

1. N. In-4. Dans l'Histoire des cardinaux françois de *Duchesne*.

2. N. In-8. Copie. Pour l'Histoire des cardinaux de l'abbé *Roy*, tome vii.

DUFOUR DE SAINT-BERNARD (Marguerite), religieuse du Val-de-Grâce à Paris, morte en odeur de sainteté le 10 février 1689, âgée de soixante-dix-neuf ans quatre mois vingt jours.

L. *Moreau* sculpsit. In-4.

DUHAN DE JANDUN (Charles-Egide), précepteur de Frédéric le Grand, membre de l'académie de Berlin, né à Jandun (Ardennes) en 1685, mort le 3 janvier 1746.

F. *Carlshs* sc. In-18.

DUISSON (Godefroy de), dixième grand maître de Malte élu en 1192, mort à Acre en 1194.

1. Ph. *Thomassinus* in-8. De profil à dr. Sur une feuille in-fol., avec G. de Napoli, E. d'Aps et A. de Portugal.

2. In-8. à g. Copie.

3. N. In-8 de profil à g. dans un rond. Au bas quinze lignes italiennes finissant par : *del*. 1194.

4. N. En petit. Sur une feuille à 56 publiée en Italie.

5. *Cars* sculp. In-4.

DULAU D'ALLEMANS (Messire Jean), curé de Saint-Sulpice de Paris le 19 de novembre 1748

Peint par *Chevallier*, gravé par *Chevillet*. In-fol.

DU MENIL. V. Menil.

DU MESNIL (Marie-Françoise), célèbre actrice tragique, née à Paris en 1713, débuta le 6 août 1737 à la comédie française dans le rôle de Clytemnestre. Elle fut reçue le mois d'octobre suivant; retirée à la clôture en 1776, elle mourut à Boulogne-sur-Mer en 1803.

1. N. In-fol. Chez *Elluin*.

2. Gravé par *Courbe*. An vii. In-8.

3. B. del., *Landon* direx. In-12.

4. N. In-8 oblong. Sur une feuille, avec Mlle Clairon. Au bas ces deux vers :

> Son geste est un éclair,
> Son œil lance la foudre.

DUMONT (Gab.-P.-Martin), professeur d'architecture, membre des académies de Rome, Florence et Bologne.

Kukarschi del., J.-M. *Moreau* le jeune, 1767, S. *Baron* sculp. In-fol.

DUPERRON (Messire Louis), chevalier, seigneur de Renneville et autres lieux, conseiller du roi en sa cour des aides de Normandie.

Humbelot sculp. In-fol.

DUPUIS MONTBRUN. V. Du Puy (Raimond).

DU PUIS ou DU PUY (Imbert), né à Montpellier, fut créé en 1327 prêtre-cardinal de la basilique des saints Douze-Apôtres, par Jean XXII, et camerlingue de l'Eglise romaine. Il mourut en 1349, doyen du sacré collège.

1. N. In-4. Dans l'Histoire des cardinaux françois de *Duchesne*.

2. Copie in-8. Dans l'Histoire des cardinaux de l'abbé *Roy*.

DU PUY (Raimond) ou *de Podio*, premier grand maître de Malte, né en Dauphiné, élu grand maître en 1118 ou 1120, mort à Jérusalem en 1160.

1. Ph. *Thomassinus* sc. In-8. De trois quarts à g. Sur une feuille in-fol., avec G. Tum, A. de Balben et A. de Comps.

2. N. In-8. Copie à dr.

3. N. En petit. Sur une feuille à 56 publiée en Italie.

4. N. In-8. De trois quarts. Dans un encadrement en forme d'écusson. Les noms au bas du buste, et plus bas, sur une tablette : *proh quanti heroes,* etc.

5. C. *Galle* sculp. In-8.

6. J.-F. *Cars* ex. In-4.

7. *Hiller* sculp. Pragæ. In-4.

8. N. In-4. Copie du numéro 7. Dans un médaillon ovale. Au-dessous on lit : *Dupuis Montbrun.*

9. N. In-8. En pied. Dans l'Histoire des saints de l'ordre de Saint-Jean de Jérusalem.

DU PUY (GIRARD), parent du pape Grégoire XI, fut d'abord bénédictin de la congrégation de Cluny, ensuite abbé de l'abbaye· de Marmonstier-lès-Tours, évêque de Carcassonne, puis créé cardinal du titre de Saint-Clément.

N. En petit. D. à dr. Au bas ces mots : *Girard Dupuy.*

DUPUY (LOUIS), archéologue et savant français, secrétaire perpétuel de l'académie des inscriptions, né dans le Bugey en 1709, mort à Paris en 1795.

1. *Desrais* del., *Dupin* sculp. In-8.

2. A. *Pujos* delin., *Parisot* sculp., 1777. In-4.

L. D. M. D., épouse du précédent, de l'académie des Arcades de Rome, sous le nom de Chloris.

A. *Pujos* delin., *Pariset* sculp. In-4.

Vu de profil à g. Elle fait pendant au numéro 2 du précédent. Au bas ces vers :

De la gaîté j'ai l'heureuse habitude,
Les lettres ont toujours occupé mes loisirs :
Bien penser est mon seul désir,
Et mes devoirs ma principale étude.

DURAND (FRANÇOIS-JACQUES), ministre protestant, né en 1737, en Normandie, de parents pauvres. Après avoir étudié à Paris sous le célèbre abbé Poulle, il se rendit à Lausanne, où il embrassa la réforme, fut ministre pendant dix-sept ans à Berne, puis professeur d'histoire ecclésiastique à Lausanne, où il mourut en 1813. Il est auteur de beaucoup d'ouvrages et de sermons.

F. *Lardy* direx. Grand in-8.

DURAS (EMMANUEL-FÉLICITÉ DE DURFORT DE DURAS, duc DE), pair de France, lieutenant général des armées du roi, etc., gouverneur de la Franche-Comté, des ville et citadelle de Besançon, commandant en chef de la province de Bretagne, membre de l'Académie française, né en 1715, mort à Versailles en 1789.

1. *Queverdo* delin., *Dembrun* sculp. In-fol.

2. In-8. En pied. Pour le sacre de Louis XVI. Au bas on lit : *Habillement du premier gentilhomme de la chambre.*

DU RYER (PIERRE), littérateur et poëte dramatique, membre de l'Académie française, né à Paris en 1605, mort le 6 novembre 1658.

P.-G. *Cossard* del. et pin., G. *Dup.* sc. In-18.

DUSSÉ. V. USSÉ.

DUTEY (Mlle), actrice, morte à Paris.

Peint en miniature par *Lainé,* gravé par *Lebeau.* In-4.

DUVET (JEAN), orfévre et graveur, né à Langres en 1485.

Gravé par lui-même, in-fol., à l'âge de soixante-dix ans. Il est vu de profil. D. à dr., assis à une table devant un livre ouvert. Sur une tablette à côté de ce livre on lit : *Joh. Duvet aurifab. Lingon. anno* 70 *has hist. perfecit* 1555. Il est tête nue, porte moustaches et barbe longue.

E

EGMONT (AMURAT, comte D'), prince de Gaure, gouverneur de Flandre et Artois.

1. N. In-8. D. à dr. Au-dessous trois lignes : *Amurat* commence la première ; la troisième finit par *Arthois.*

2. N. *Médaille* in-18. Les noms autour. Il est de trois quarts. D. à g.

ÉLIE DE BEAUMONT (Jean-Baptiste-Jacques), avocat, né en 1732 à Carentan (Manche), mort à Paris en 1786.

1. *Notté* del., *Godefroy* direxit. In-fol. En pied. Dans la composition où figure, Damade-Beller et Target. Il est sur le premier plan.

2. *Soliman Lieutaud,* sc., eau-forte. In-8. Buste.

3. Ch. *Devrits* sc. In-8.

ÉON DE BEAUMONT (Charles-Geneviève-Louise-Auguste-André-Timothée d'), fut successivement avocat, censeur royal, guerrier, ambassadeur et écrivain politique, né à Tonnerre en 1728, mort à Londres le 1er mai 1810. Ce personnage extraordinaire a vivement excité la curiosité publique vers la fin du xviiie siècle sous le nom de chevalière d'*Eon ;* il était presque toujours habillé en femme.

Habillé en homme, costume civil.

1. *Huquier* pinx., *Burke* fecit. In-fol. Publié en 1771 par J. *Wesson.*

2. Publié en 1807 par James *Cundée.* In-8.

3. N. In-8. Type du précédent. Sur la tablette on lit : *Madamoiselle de Beaumont | chevalier d'Eon.*

4. *Vispré* pinx. et fecit. In-fol. Coiffé d'un tricorne.

5. N. In-fol. Dans un encadrement ovale. D. à g., regarde de face. Coiffé d'un chapeau à trois cornes. A droite et à gauche du support on voit des drapeaux.

En costume militaire, avec chapeau.

6. M. *Baader* del., C. F. *Letellier* sculp. In-8.

En militaire, avec casque de dragon.

7. *Desrais* del., *Lebeau* sc. In-4.

8. *Dessin* in-8.

9. N. In-8. De profil à dr. Au bas, sept lignes finissant par *Londres.*

10. *Robin de Montigny* fecit. De profil à g.

11. Dessiné d'après nature en 1779, et gravé par J.-B. *Bradel.*

En femme, avec coiffe, dirigé à droite.

12. *Vaillant* del., *Fritschius* sculp. In-8.

13. N. In-8. Au bas six lignes ; *d'Angleterre* compose la dernière.

14. Chez *Esnauts* et *Rapilly.* In-4.

15. N. In-8. Au pointillé. Dans un carré. Ce portrait est de trois quarts. Les 12, 13 et 14 de profil.

En femme, avec coiffe, dirigé à gauche.

16. N. In-8. Au bas, quatre lignes italiennes, la dernière est formée de : *nel* 1728.

17. N. In-8. Au bas huit lignes finissant par *Londres.*

18. N. In-8. Chez *Civil.*

19. M. *Baader* del., C. F. *Letellier* sculp. In-4.

20. *Robin de Montigny* fecit. In-4.

Ces cinq portraits sont de profil, les suivants de trois quarts.

21. Rob. *Cooper* sculp. In-8.

22. J. *Condé* delin. et sculp. In-8.

23. Dessiné et gravé par J.-B. *Bradel.* In-fol.

24. Angelica *Kauffman* pinx. after *Latour,* Francis *Haward* A. R. sculpsit. In-fol.

25. Peint par *Ducreux,* gravé par *Cathelin.* In-fol.

En Minerve.

26. Composé et gravé par J.-B. *Bradel.* In-8.

27. N. *Pruneau* sculp. 1779. In-8.

28. In-4. Publié en 1791 par J. *Condé* et *Boydell.*

29. En pied. Publié en 1773 par *Hooper.* In-fol.

Sujet en femme, avec coiffe.

30. Publié par *Conbeau* à Paris et *Robinde* à Londres.

Assaut d'armes du 9 avril 1787 avec le chevalier de Saint-Georges.

A cheval, en dragon.

31. *Robin de Montigny* fecit. In-fol.

ÉPÉE (Charles-Michel, abbé de l'), instituteur des sourds-muets, né à Versailles le 25 novembre 1712, mort à Paris le 23 décembre 1789.

Portraits dirigés à droite.

1. N. In-4. De profil. Dans un médaillon rond. Au-dessous quatre vers; le premier commence par *L'effort,* le quatrième finit par *la vie.* Sur le ruban qui attache le médaillon, on lit : *Viro immortali.*

2. P. A. In-32. Eau-forte. De profil.

3. S. del., *Aubert,* sourd-muet, sculp. In-fol.

4. *Sixdeniers* sculp. In-18 et in-4, avec le texte.

5. N. In-4. Lith. de *Villain.*

6. *Maurin* del. Lith. In-4.

7. In-4. Lith. de *Brunet* à Lyon, d'après un dessin fait en 1779 d'après nature par Mme *Lefebure,* son élève.

8. L. M. Lith. In-8.

9. Petit portrait. *Rébus.*

Portraits dirigés à gauche.

10. N. In-8. Chez *André,* imprimeur-libraire.

11. N. In-8. Copie du précédent.

12. *Bonneville* sculpsit. In-8.

13. *Duvivier* sculp., *Landon* direx.

14. D. A. In-4. Lith. de *Bernard* et comp.

15. *Lecerf* del. Lith. In-4.

16. N. H. *Jacob* del. Lith. In-fol.

17. En petit. Dans la France pittoresque.

18. Avec Sicard, Massieu et Leclerc. Sur une feuille in-8.

19. En petit. Sur une feuille in-8 à 12. Dans le Dictionnaire biogr. L.-G. *Peugnot.* Il est le neuvième.

EPHRAIM (Le père), de Nevers, capucin, chargé en 1645 par ses supérieurs d'une mission au Pégu.

Andreas *Stech* pinxit, Anton. *Wetzel* sculpsit. In-4. B. P. R.

ÉPINE (Jean de l'), *Joannes a Spina, anno ætatis* 48.

R. B. In-4. D. à dr. Au-dessus de la tête on lit : *Mori et vivere Dno.*

ÉRARD DE LISIGNES, chanoine et évêque d'Auxerre, puis créé cardinal-évêque de Préneste.

N. In-4. Dans l'Histoire des cardinaux françois de *Duchesne.*

ESCARS (Charles d'), évêque et duc de Langres, pair de France, commandeur de l'ordre du Saint-Esprit, abbé de Gaillac, de Fontaine-Bèze et de la Crest, nommé évêque de Poitiers en 1564, et de Langres en 1569, mort en 1614 dans son abbaye de Fontaine-Bèze, doyen des prélats de France.

1. *Dessin* in-fol. à la pierre noire. B. R. Suite des évêques.

2. *Dessin* in-fol. à l'encre de Chine. B. R. Aux chevaliers du Saint-Esprit.

ESPAGNE (Jean d'), ministre de l'Eglise française à Londres, né à Misoen-en-Oysans en Dauphiné (dép. de l'Isère).

1. V.-C. *Boëklin* sc. In-4.

2. N. In-8. Au bas six lignes; la première commence par *Johannes; inclytus* forme la sixième.

3. N. In-8. Au bas trois lignes. *Johannes* commence la première, la troisième se termine par *inclytus.*

4. N. In-8. Les noms sur la bordure. Au-dessous six vers hollandais par P. *de Sindt.*

5. N. In-8. Au bas ces deux lignes :

Johan d'Espagne, | ecclesiastes Londinensis.

Les numéros 4 et 5 sont D. à g.

ESTANG (Pierre de l'), religieux bénédictin de

la congrégation de Cluny, successivement évêque de Saint-Flour, archevêque de Bourges, cardinal-prêtre du titre de Sainte-Marie au delà du Tibre, camerlingue de la sainte Eglise romaine, puis évêque d'Ostie.

N. In-4. Dans l'Histoire des cardinaux françois de *Duchesne*.

ESTIENNE de Paris, docteur ès lois, chanoine et chancelier de l'église de Saint-Quentin en Vermandois, doyen de l'église cathédrale de Notre-Dame de Paris, puis évêque de la même église, créé cardinal-prêtre du titre de Saint-Eusèbe, fut ambassadeur en Angleterre.

N. In-4. Dans l'Histoire des cardinaux françois de *Duchesne*.

ETEMARE (JEAN-BAPTISTE LE SESNE de MENILLES D'), théologien, auteur de plusieurs ouvrages contre la bulle *Unigenitus*, né le 4 janvier 1682 dans le diocèse d'Evreux, mort à Paris le 29 mars 1770.

C.-L. *Belle* pinx., gravé à Paris par J. *Tardieu*. In-fol.

ÉTIENNE IX (FRÉDÉRIC DE LORRAINE), bibliothécaire et trésorier du saint-siége apostolique, abbé du Mont-Cassin, fut créé cardinal du titre de Sainte-Marie, puis de Saint-Chrysogon, par le pape Léon IX. Il fut élu pape le 2 août 1057, et mourut le 23 mars 1058.

1. N. In-8. Dans *Cavalleriis*.

2. N. In-12. Sur bois. Dans l'Histoire des papes de *Duchesne*.

3. In-4. N. Dans l'Histoire des cardinaux françois de *Duchesne*.

4. In-8. Dans l'Histoire des cardinaux de l'abbé *Roy*, tome I.

5. In-8. Dans l'Histoire des papes de l'abbé *Novaes*.

EUDES. V. URBAIN II.

EUDES DE CHASTEAUROUX, né dans le Berry à Châteauroux, dont il prit le surnom, fut chanoine et chancelier de l'église cathédrale de Paris,

puis créé cardinal-évêque de Tusculane en 1244, par le pape Innocent IV, fut légat en France. Il mourut au commencement de l'année 1273 dans la ville d'Orviette, et enterré dans l'église des Dominicains de cette ville.

1. N. In-4. Dans l'Histoire des cardinaux françois de *Duchesne*.

2. N. In-8. Dans l'Histoire des cardinaux de l'abbé *Roy*, tome III.

EUGÉNIE (N.), actrice (dans les Trois Sultanes).

1. Peint par *Legendre*, gravé à Paris par *Chevillet*. In-fol.

2. Peint par *Legendre*, *Corbut* sculp. In-fol. Au bas au lieu du nom on lit : *la Jeune Sultane*, et au-dessous ces vers :

De tes sons enchanteurs, crois-tu, jeune Délie,
Captiver à ton gré le maître de l'Asie?
Non : le fier Soliman, ivre de volupté,
Méconnaît ses serments, sa gloire, la beauté.
Puis, jurant à Zélie, à Roxane à la fois,
Qu'il va les décorer de la pourpre des rois,
Ingrat, cruel amant, au lever de l'aurore,
Il fait trembler les cœurs, et prétend qu'on l'adore.

3. Peint par *Legendre*, gravé par *Chevillet*. In-fol.

Au bas on lit : *la Jeune Sultane*.

EUX (BERTRAND DE D'), né au château de Blandine, diocèse d'Uzès, fut nommé prévôt de l'église d'Embrun, puis archevêque de la même ville en 1333, vice-chancelier de la sainte Eglise romaine, créé cardinal du titre de Saint-Marc en 1338, par le pape Benoît XII. Il mourut à Avignon le 24 octobre 1355, enterré dans l'église collégiale de Saint-Didier.

1. N. In-4. Dans l'Histoire des cardinaux françois de *Duchesne*.

2. N. In-8. Dans l'Histoire des cardinaux de l'abbé *Roy*, tome X.

F

FABERT (ABRAHAM), imprimeur, né à Metz en 1560, mort dans la même ville en 1638.

M. *Lasne* sc. In-8.

FAGET (JEAN), membre de l'académie de chirurgie et de la société royale de Londres, ancien chirurgien-major de la Charité.

N. Grand in-8, 1761. Hommage de J.-B. *Cochois*, son élève.

FANIER (ALEXANDRINE), actrice, née à Cambray, reçue à la comédie française en 1766.

J.-M. *Moreau* le jeune delin., 1773. *Saugrain*, son élève, sculp. In-fol. B.A. et B.R.

FAUCHE (JEAN-JACQUES), archevêque de Besançon, prieur de Mortain.

N. sc. In-fol. Dans une bordure ovale de feuilles de laurier. Il est D. à g.; regarde de face.

FAURIS DE SAINT-VINCENT (JULES-FRANÇOIS-PAUL), conseiller du roi en tous ses conseils, membre de l'académie des inscriptions et belles-lettres, né à Aix (Bouches-du-Rhône) en 1718, y est mort en 1798.

B. *Lantelme* del. et sculp. In-fol.

FEBURE (GUILLAUME LE), docteur de la sainte Ecriture, conseiller et aumônier du roi de France.

N. In-8. D. à dr. Au bas quatre lignes en allemand; la première commence par *Wilhelm*, la quatrième est formée du mot *Franckreich*.

FÈRE (La noble MARIE, dame DE LA), fille de saint Jean de Montmirel, et femme d'Enguerrand III, sire de Coucy, après une longue et très-sainte vie est décédée le 20 septembre 1272 et inhumée honorablement dans le très-célèbre monastère de Longpont au diocèse de Soissons.

N. In-4. A genoux. D. à dr. Au bas le texte ci-dessus qui forme cinq lignes.

FERRI (PAUL), ministre du saint Evangile à Metz, mort le 27 décembre 1669.

1. Petrus *Aubry* sculpsit Argent., æt. 47, anno MDCXXXIIX. In-4.

2. N. In-4. Dans un médaillon ovale autour duquel on lit : *Crux mors, inferi vita nostra sunt.* Le personnage est D. à dr.

3. Agé de soixante-cinq ans, *Bernard* le 21e juin 1656. Sc. In-4.

FLAMMENVILLE (Madame la marquise DE), femme de M. le marquis de Flammenville, commandant de la gendarmerie, capitaine lieutenant des gendarmes bourguignons, brigadier des armées du roi.

Chez *Bonnart*. In-fol. En pied.

FLIPART (JEAN-JACQUES), graveur du roi et de leurs majestés impériales et royales, né à Paris en 1723, mort dans la même ville en 1782.

Dessiné et gravé in-4, en 1772, par *Ingouf* le jeune, son élève.

FOIX DE CANDALLE (FRANÇOIS DE), évêque d'Aire, fils de Gaston de Foix, 3e du nom, comte de Candalle, et de Marthe, comtesse d'Astarac, etc., fut fait commandeur de l'ordre du Saint-Esprit par le roi Henri III le 31 décembre 1587, fonda une chaire de mathématiques dans le collège d'Aquitaine à Bordeaux, fit plusieurs donations à l'hôpital de cette ville. Il mourut le 5 février 1594, âgé de quatre-vingt-un ans cinq mois et vingt jours, et fut enterré dans le chœur de l'église des Augustins de Bordeaux.

Dessin in-fol. à l'encre de Chine. B. R.

FONT (Mlle SOPHIE-LOUISE-WILHELMINE DE LA).

Peint à Saint-Pétersbourg par N.-B. *de la Pierre* en 1769, gravé à Paris par J. *Tardieu*. In-fol.

FONTANIEU (Messire GASPARD-MOISE), intendant à Grenoble, conseiller d'Etat ordinaire, intendant et contrôleur général des meubles de la couronne, mort en 1767.

Isidore *Queverdo* delin., *de Longueil* sculp. In-4. *Offerebat filius.*

FONTANIEU (Pierre-Elisabeth de), fils du précédent, intendant et contrôleur général des meubles de la couronne, membre de l'académie des sciences, de celle d'architecture et de l'académie de Stockholm, mort en 1784.

Dessiné par C.-N. *Cochin* fils, gravé par S.-C. *Miger*. Petit in-fol.

FORBIN (Mme de), morte le 22 octobre 1661 à l'âge de quatre-vingt-un ans.

Portrait in-8. Dans un médaillon formé de feuilles de chêne. Au-dessous on lit :

> Humbelot, ton docte burin
> Nous fait revivre son visage;
> Mais plus durable que l'airin,
> Sa vertu vivra davantage.

FORBIN (N. de), conseiller au parlement de Provence.

Je.-C. *Cundier* pinxit, Jac. *Cundier* sculpsit 1679. In-fol.

FORBIN (Paul-Albert de), chevalier de Malte, prieur de Saint-Gilles.

Cundier fecit. In-fol.

FORESTA DE COLONGUE (Joseph-Ignace de), évêque et primat d'Apt, sacré le 4 mars 1696, démissionnaire en 1723.

J. *Coelemans* sculpsit 1707. In-fol.

FOUCAULT (Claude), Parisien.

Lebrun. In- . M. *Lasne* fecit. In-fol. Dans une thèse dédiée à Henri *de Mesmes*, il est en pied de profil à g. Sur la dr. de l'estampe. Il présente sa thèse à Henri de Mesmes, qui est assis sur la g.

FOURNEAU (Nicolas), maître charpentier à Rouen, auteur de divers ouvrages sur la charpenterie, publiés en 1767, 1768 et 1772.

N. In-fol. Assis. D. à dr. Il tient dans la main gauche un dessin de charpente, et dans la droite un compas.

FOURNIER (Jacques). V. Benoit XII.

FOURNIER (Pierre-Simon), graveur et fondeur en caractères d'imprimerie, auteur d'ouvrages sur l'imprimerie et la typographie, né à Paris en 1712, mort dans la même ville en 1768.

Bichu pinx. 1768, C.-S. *Gaucher* eff. inc. In-12. Portrait en tête de ses ouvrages, 1764.

FRAMBOISIER DE BEAUNAY (L.-E.), écuyer, procureur du roi honoraire au bailliage de Lions, ancien subdélégué de l'intendance de Rouen, directeur général du mont-de-piété et du bureau des nourrices de Paris, né le 23 avril 1735.

Renou pinx., *Benoist* sculpsit. In-fol.

FRANCE.

MARIE D'ANGLETERRE, troisième femme de Louis XII, mariée à Abbeville le 9 octobre 1514, épousa en secondes noces le duc de Suffolck. Elle mourut en Angleterre le 23 juin 1533, âgée de trente-sept ans.

N. In-fol. Dans *Mézeray*.

FRANCE (Charles de), troisième fils de François Ier, eut les titres de duc d'Orléans, de Bourbon, d'Angoulême et de Chatelleraud, comte de Clermont en Beauvoisis et de la Marche, pair et chambrier de France, gouverneur de Champagne et de Brie, né à Saint-Germain en Laye le 22 janvier 1522, mort à l'abbaye de Foresmontier près Abbeville le 9 septembre 1545, enterré à Saint-Denis.

N. In-8. Dans *Montfaucon*.

FRANCE (Claude de), fille de Henri II et de Catherine de Médicis, naquit à Fontainebleau au mois de novembre 1547, fut mariée le 5 février 1558 avec Charles II, duc de Lorraine. Elle mourut le 20 février 1575.

N. In-4. En pied. Dans *Montfaucon*.

FRANCE (N. de), duc d'Orléans, fils d'Henri IV et de Marie de Médicis, né à Fontainebleau le 16 avril 1607, mort à Saint-Germain en Laye le 17 novembre 1611.

C. *de Mallery* fecit. In-4.

6

FURGOLE (Jean-Baptiste), écuyer, avocat au parlement de Toulouse.

N. In-4. D. à g. Dans une bordure ovale, sur laquelle on lit les titres ci-dessus.

G

GADAGNE (Henri de), lieutenant général, gouverneur de Dôle sous Louis XIV.

J.-A. *Böner* f. In-4. Au bas ces lignes :

Henrico de Guadagne, duca et pari,
Luogo tenente generale degl eserciti del re christianiss^{mo}, etc.

GAFFAREL (Jacques), docteur en sainte théologie et droit canon, bibliothécaire du cardinal de Richelieu.

L. F. p., I. C. s. 1714. In-4.

GAILLARD (Jean de), évêque et comte d'Apt.

J.-A. *Cundier* pinxit, J. *Cundier* Aquensis sculp. In-fol.

GALIÉ (Philippe), âgé de trente-deux ans. 1632.

N. In-8. D. à g. Les noms ci-décrits autour du médaillon, et au bas ces vers :

Sur une mer d'ennuis combattu par l'orage,
Prest à finir mes jours d'une subite mort,
Si la Divinité qui m'a gardé d'outrage,
Malgré mes ennuis ne m'eust conduit au port.

GAMACHES (Guillaume II de), fils de Guillaume Ier et de Marie de Fescamp, fut chevalier, conseiller et chambellan du roi Charles VI, fut gouverneur de sa vénerie en 1410, nommé bailly de Rouen le 3 août 1417, et capitaine de la ville de Compiègne le 21 juillet 1418, puis grand maître des eaux et forêts du royaume en 1424.

1. *Decaché* del. et sculpsit. In-4. D. à dr.

2. In-4. Copie du précédent. Au bas ces deux lignes :

Guillaume II, | de Gamaches.

GAMON (Christophe de), poëte, né dans le Vivarais.

N. In-18. Sur bois. Agé de vingt-quatre ans. D. à dr. Sur la bordure on lit : *Virtus mihi carior auro*, et au-dessous ces quatre vers :

Peintre, que te sert-il de peindre en cest ouvrage,
D'un art parfait le corps? Tu trompes ton pinceau :
Pour peindre mon Gamon peinds le neufvain troupeau,
Et tu peindras alors et l'esprit et l'image.

Ce portrait se trouve dans le Jardinet de poésie, Lyon, Claude *Morillon*, 1600.

GANDOLIN (N.), comédien du temps de Louis XIII et Louis XIV.

1. J. *Falck* sc. In-fol.

2. N. In-fol. Copie en sens opposé.

3. Chez *Bonnart*. In-8.

4. Philipp. Jac. *Leidenhoffer* excud. In-8.

GARVO ou GRAVO (Bernard de), de la maison noble de Sainte-Délivrée près Agen, chanoine et archidiacre de Costentin en l'église de Coutances, créé cardinal en 1310 par le pape Clément V, mort en 1328.

1. N. In-4. Dans l'Histoire des cardinaux françois de *Duchesne*.

2. N. In-8. Copie. Pour l'Histoire des cardinaux françois de l'abbé *Roy*, tome VI.

GATTINARA (Mercurin de), né à Arbois (Jura), jurisconsulte, président du parlement de Dôle, chancelier de Charles-Quint, né en 1465, créé cardinal en 1529 par Clément VII, mort la même année suivant la gravure, ou en 1530 (Biogr. univ.).

N. In-8. D. à dr. Au bas ces trois lignes :

Mercurinus de Gattinaria,
Caroli V. imp. cancellarius.
Nat. 1465, denat. 1529.

GAULARD (N.), gentilhomme de la Franche-Comté bourguignotte.

N. En petit. Sur bois. D. à dr. Couvert d'une cuirasse, la tête couronnée de laurier. Au bas on lit :

Sur le portrait du sieur GAULARD, *fait par Nicolas* Hoey, *peintre flamand.*

Un nez plein de rubis, une face bien large,
Un beau gros œil de bœuf, le corps un peu voûté,
N'ayant été qu'en portraiture armé :
C'est de monsieur GAULARD la véritable image.

Ce portrait est en tête des Contes facétieux du sieur, etc. Rouen, Loys *du Mesnil,* MDCXL.

GAULTIER (JOSEPHUS GALTERIUS), theologus, prior ac dominus Valettæ.

N. In-4. D. à dr.

GAUSSIN (JEANNE-CATHERINE GAUSSEM), célèbre actrice de la Comédie française, née à Paris en 1711, débuta à Lille, fut appelée à Paris en 1731, entra à la Comédie française, quitta le théâtre en 1763 et mourut en 1767.

1. C.-N. *Cochin* filius del., N. *Lemire* sc. In-8. En pied.

Quand tu nous peins l'horreur de ton destin affreux,
GAUSSIN, qui ne reçoit comme toy tes disgrâces?
Mais à tort tu te plains d'être seule en ces lieux,
Car près de toy, toujours on aperçoit les Grâces.

2. N. In-8. De profil à dr. Dans un ovale à claire-voie. Au-dessous, Mlle GAUSSIN; au-dessus, *Théâtre-Français.*

GAUTIER GARGUILLE (GUÉRU, dit FLESSELLES, dit), comédien de l'hôtel de Bourgogne, né en Normandie.

1. *Huret* inventor, *Rousselet* fecit. In-fol. En pied.

2. H^e L. lith. In-fol. En pied.

GENÈVE (ROBERT DE), frère du comte Amédée de Genève, chanoine de l'église cathédrale de Paris, protonotaire apostolique, fut successivement évêque de Thérouane, de Cambray, légat en Italie, cardinal-prêtre de la basilique des saints Douze-Apôtres, élu pape à Fondi en 1378, sous le nom de Clément VII, mort d'apoplexie le 16 septembre 1394.

N. In-4. Dans l'Histoire des cardinaux françois de *Duchesne.*

GENGEMME (R. P. JEAN-FRANÇOIS), né à Chauny, dans la province de Paris, élu général des minimes à Marseille le 26 mai 1776.

P. *Labruzzi* pinx., *Piroli* sc. In-8.

GENTIL (FRANÇOIS), architecte, mort en 1588.

Gilet fecit, 1634. *Dessin* à la sanguine. B. R. Le personnage tient un compas.

GÉRARD TUM, fondateur de l'ordre de Saint-Jean de Jérusalem, né dans l'île des Martigues en Provence, mort à Jérusalem en 1118.

1. Ph. *Thomassinus.* In-8. A dr. Sur une feuille in-fol., avec R. Dupuy, A. de Balben et A. de Comps.

2. Copie. In-8. A gauche.

3. En petit. Sur une feuille à 56 publiée en Italie.

4. In-12. Dans la Chronologie collée, suite des grands maîtres.

5. J.-F. *Cars* ex. In-4.

6. Gravé par *Allais.* In-4.

7. In-8. En pied. Dans la Vie des saints de l'ordre de Saint-Jean de Jérusalem.

GÉRARD (BALTHASAR), fanatique, né dans un bourg de Franche-Comté, exécuté en 1584 pour avoir assassiné Guillaume Ier d'Orange.

N. En petit. Dans la Chronique d'*Opmeer.*

GERBERT. V. SYLVESTRE II.

GERBIER (P.-J.-B.), avocat célèbre du parlement de Paris, né à Rennes en 1725, reçu avocat en 1745, mort en 1788.

1. *Pujos* del., *Vidal* sc. Petit in-fol.

2. Ambroise *Tardieu* direxit. In-8.

3. *Houdon* sc., *Landon* direx. In-8.

4. *Maurin* del. Lith. In-4. D. à dr.

5. *Maurin* del. Lith. In-4. D. à g.

6. V^{or} *Larée.* Lith. In-fol.

GERING (ULRICH), *Uldericus Guernich,* premier imprimeur à Paris en 1469, mort dans cette ville en 1510.

L. *Boudan* sc. In-4. En pied.

GIGOGNE (N.), comédienne du temps de Louis XIV.

Chez *Jollain*. In-fol. En pied.

GILLE-MARIE (Messire), curé de Saint-Saturnin et supérieur des dames de la Visitation de Sainte-Marie de Chartres, décédé à Chartres le 10 juin 1710, âgé de quatre-vingts ans.

Crepy fec. In-4. D. à g.

GIRARD (PIERRE), d'une famille de Saint-Symphorien-le-Chastel en Lyonnois, prévôt de l'église de Marseille, successivement évêque de Lodève, du Puy et Tusculane, et créé cardinal par Clément VII.

N. In-4. Dans l'Histoire des cardinaux françois de *Duchesne*.

GIRARDIN DE VAUVRÉ (JEAN-LOUIS), conseiller du roi, intendant de la mer Méditerranée.

Hyacinthe *Rigaud* pinxit, Jacobus *Coelemans* sculpsit, 1703. In-fol. major.

GIRARDOT (Le P. CHR.), carme déchaussé, prédicateur, auteur de Sermons publiés de 1770 à 1774.

P. *Jouffroy* pinx., 1769, N. sculpsit, T. *Crajenschot* excudit, 1772. In-4.

GIROULT (JACQUES), de la compagnie de Jésus, un des plus célèbres prédicateurs du XVIIᵉ siècle, né à Beaufort en Anjou, mort à Paris le 19 juillet 1689, âgé de soixante-cinq ans.

N. In-8. D. à dr. Au bas, quatre lignes commençant par *Jacques,* et finissant par *soixante-cinq ans.*

GODIN (GUILLAUME-PIERRE), né à Bayonne, entra dans l'ordre de Saint-Dominique, devint prieur de son ordre en Provence et en Languedoc, fut créé cardinal en 1312 par le pape Clément V; il mourut en 1336.

1. N. In-4. Dans l'Histoire des cardinaux françois de *Duchesne*.

2. N. In-8. Dans l'Histoire des cardinaux d l'abbé *Roy*.

3. In-8. Dans le même ouvrage; l'un est têt nue, et l'autre coiffé de sa mitre.

GONTERIIS (FRANÇOIS-MAURICE DE), des comte de Cavaillac, archevêque d'Avignon.

1. P. *Parossel* pinx., J. *Coelemans* sculpsit Aquis Sextiis, 1715.

2. Peint en 1731 par *Sauvan,* gravé par M chel. In-4.

GOTH ou GOUTH (BERTRAND DE). V. CLÉMENT V

GOUFFIER (MAGDELEINE-ANGÉLIQUE AUSTREBERTHE), abbesse du monastère de Sainte-Austreberthe ordre de Saint-Benoît, en la ville de Montreuilsur-Mer. 1658.

Jacques *Picart* fecit. In-8.

GOUGENOT (LOUIS), conseiller au grand conseil, abbé de Chezal-Benoît, prieur de Maintenay honoraire associé libre de l'académie royale de peinture et sculpture.

Greuze pinx., *Dupuis* sculp. In-4.

GOZON (DIEUDONNÉ DE), vingt-sixième grand maître de Malte, né en Provence, élu grand maître en 1346, mort en 1353. Ce fut lui qui tua le dragon qui infestait l'île de Rhodes.

1. Ph. *Thomassinus* sc. In-8. Sur une feuille in-fol., avec M. de Pagnac, H. de Villeneuve e P. Cornilian.

2. N. In-8. Copie.

3. N. In-18. Dans un rond. Au bas, dix-hui lignes italiennes finissant par 1346.

4. *Cars* sc. In-4.

GRAMMONT (N. DE), chanoine de Reims.

Venzesel pinxit, E. *Desrochers* fecit. In-8.

Le personnage est dans un ovale. D. un peu à g. Il regarde de face.

GRAMMONT (PHILIBERT, comte DE), chevalier des ordres du roi, fils d'Antoine II, et frère d'Antoine III, maréchal de France, fut gouverneur d'Au-nis; né en 1621, mort le 30 janvier 1707. Il a paru des mémoires qui portent son nom.

Dessiné par *Dugoure,* gravé par *Lebert.* In-18.

GRANDPRÉ (L. DE).

C. *Westermayer* sc. In-8. Au bas on lit : L. *de Grandpré,* capitain der französischen marine.

GRANGES (M. DES), maître des cérémonies.

N. In-fol. En pied, en costume de maître des cérémonies pour le sacre de Louis XV.

GRATTELARD (le seigneur), comédien sous Louis XIV.

N. In-fol. En pied, de profil à g. Au bas quatre vers. *Ma mine,* etc.

GRAVO. V. GARVO.

GREBAN (FRANÇOIS-JEAN), conseiller du roi, lieutenant général de la prévôté de l'hôtel de sa majesté, et grande prévôté de France.

Pourvoyeur pinx., *Voyez* major sculp. In-4.

GRÉGOIRE X (PIERRE-ROGER DE BEAUFORT, pape sous le nom de), né en Limousin, fut prieur de la Haye aux Bons-Hommes-lès-Angers, archidiacre de l'église de Sens, chanoine de Notre-Dame de Paris, doyen de l'église de Bayeux, cardinal, puis pape.

1. N. In-8. Dans *Cavalleriis.*

2. N. In-12. Sur bois. Dans les papes de *Duchesne.*

3. N. In-4. Dans l'Histoire des cardinaux français de *Duchesne.*

4. N. In-8. Dans l'Histoire des cardinaux de l'abbé *Roy.*

5. N. In-8. Dans l'Histoire des papes de l'abbé *Novaes.*

GRESSET (JEAN-BAPTISTE-LOUIS), poëte, membre de l'Académie française, né à Amiens en 1709, mort dans la même ville en 1777.

1. J.-M. *Nattier* pinx., A. *Saint-Aubin* sc. In-18.

2. *Deveria* del., sc. In-8.

3. J.-M. *Nattier* pinx., Ambroise *Tardieu* sc. In-8.

4. *Nattier* pinx., Ambroise *Tardieu* sc. In-18.

5. *Hulot* sc. In-18.

6. *Sixdeniers* sculp. In-18.

7. N. In-8. Dans un carré à claire-voie, formé de trois tailles. D. à dr.

8. *Nattier* pinx., *Landon* direx. In-12.

9. *Grevedon* del. Lith. In-4.

10. Dessiné et gravé par R. *Delvaux* en 1787, d'après le buste de M. Béruer. In-18.

11. Gravé par *Bernardi.* In-8.

12. *Lebel* del. à Amiens. Lith. In-8.

13. N. In-8. Lith. de *Delpech.*

GRIMOARD DE GRISAC (G^ME). V. URBAIN V.

GRIMOARD DE GRISAC (ANGLIC), frère du pape Urbain V, chanoine régulier de l'ordre de Saint-Augustin, abbé de Saint-Ruf près Valence, évêque d'Avignon, puis créé cardinal.

N. En petit. D. à dr. Au bas : *Anglic* GRIMOARD.

GRIMOD (ANTOINE), fermier général.

Antoine *Quay* delin., 1756, *C. p. de T.* (Campion de Tersan) fecit. In-4. B. P. R.

GRIMOUX (JEAN), peintre, né à Paris en 1666, mort en 1740.

1. Peint par lui-même, gravé in-fol. à Bâle par Al. *Romanet.*

2. N. In-8. D. à g. Dans une bordure cintrée. Il tient dans la main droite un verre, et sur la droite on voit une bouteille.

GROS-PARMY (RAOUL DE), trésorier de la sainte chapelle de Senlis, doyen de Saint-Martin de Tours, chancelier de France sous saint Louis, nommé évêque d'Evreux en 1256, créé en 1261 cardinal-évêque d'Albe par le pape Urbain IV, né en Normandie, mort en 1270 devant Tunis.

1. N. In-4. Dans l'Histoire des cardinaux français de *Duchesne.*

2. N. In-8. Dans l'Histoire des cardinaux français de l'abbé *Roy,* t. III.

GROS-GUILLAUME (Robert Guérin, connu sous le nom de), comédien de l'hôtel de Bourgogne.

1. N. In-fol. En pied. Au bas, ces vers :

> Tel est dans l'hôtel de Bourgoigne,
> *Gros Guillaume* avecque sa troigne
> Enfariné comme un meusnier,
> Son minois et sa rhétorique,
> Valent les bons mots de *Reignier*
> Contre l'humeur mélancholique.

2. N. In-fol. Plus grand. Au bas ces quatre vers :

> *Gros Guillaume* qui, chez les morts,
> Farce encor, fit voir en sa vie
> Qu'il n'eut pas pour la raillerie,
> L'esprit aussi gros que le corps.

3. H. *Bonnart.* In-8.

4. P.-J. *Leidenhoffer* exc. In-8.

Tous ces portraits sont en pied.

GRYPHE (Sébastien), imprimeur, né à Reuthlingen en Souabe, vint s'établir à Lyon, où il mourut le 7 septembre 1556, âgé de soixante-trois ans, après y avoir exercé son art pendant vingt-huit ans. Sa mort donna lieu à cette épitaphe :

> Le grand griffe qui tout griffe,
> A griffé le corps de Gryphe.

N. In-4. De profil à dr. Dans un médaillon rond avec entourages. On lit autour : *Sebastianus Gryphius Germanus anno ætatis vitæ suæ* LVIII.

GUÉRIN (C.-M.), écuyer, chevalier de l'ordre du Roi, chirurgien-major et consultant des camps et armées du roi, et de l'hôpital de la Charité, chirurgien-major des mousquetaires noirs.

Dessiné par Ch.-N. *Cochin*, et gravé par *Gaucher*, 1771. In-4.

GUÉRIN (N.), graveur de médailles.

1. Dessiné et gravé par Ch. *Guérin*, son fils, et dédié aux amis du père. In-4.

2. N. In-4. Lith. de L. *Havard*, à Strasbourg.

GUÉRIN DE FRÉMICOURT (Joseph), officier du 6 janvier 1735.

Peint par *Philippe*, gravé par L.-J. *Cathelin*. In-4.

GUERNICH (Uldericus). V. Gering.

GUIBAL (Nicolas), architecte, sculpteur, peintre et littérateur, premier peintre du duc de Wurtemberg, né à Lunéville en 1725, mort à Stuttgard en 1784.

1. *Buckle* in cera fe., G.-C. *Kilian* del. et sc. In-8.

2. Peint par Jol. *Metting*, gravé par C.-J. *Schotterbeck*, 1781. In-fol. oblong.

GUIBERT (Mme), auteur de poésies et de comédies, née à Versailles en 1725, morte vers 1787.

Danzel de Valchant del. et sculpsit. In-8.

GUICHE (Mme la duchesse DE).

Chez *Bonnart*. In-fol. en pied.

GUIGNARD (Le P. Jean), jésuite, natif de Chartres, pendu et brûlé à Paris, comme impliqué dans le régicide de Jean Châtel.

N. En petit. Avec sept autres personnages dans un cercle. In-4. Divisé en quatre, il est à côté de M. de Sacy.

GUILLARD (P. Jean), minime, né à Ornans en Franche-Comté, nommé général de son ordre en 1658, par Alexandre VII.

N. In-8. D. à dr. Au bas ces lignes :

> P. Joannes Guillard, Hispano Burgundus Prou^e comitatus Burgundiæ Ornacensis, Institutus ab Alexandro VII. 1658.

GUILLAUME (N.), Parisien, chanoine régulier de Sainte-Geneviève, abbé de la Roche.

Mich. *van Lochon* fecit et ex. In-8.

GUILLOT GORJU (Hardouin ou Haudoin de Saint-Jacques, connu sous le nom de), comédien du temps de Louis XIII et Louis XIV, enterré à Saint-Sauveur de Paris.

1. N. In-fol. D. à dr. Au bas : *Guillot Gorju*.

2. N. In-8. Copie.

3. J. *Falck* f. In-fol. D. à g.

4. *Huret* inventor, *Couvay* fecit. In-fol. Au bas ces vers :

GUILLOT GORJU, chacun admire,
Et le savoir et le bien dire,
Que tu débites en te mocquant ;
Et par ta haute rétorique,
Le plus souvent tu fais la nique,
Au plus docte et plus éloquent.

5. Philip.-Jac. *Leidenhoffer* excudit. In-8. Tous ces portraits sont en pied.

GUIOT DE CHENIZOT (F.-V.), chevalier, conseiller du roi en tous ses conseils, maître des requêtes.

A. *Pujos* del., N. *Pruneau* sculp. In-4.

GUISE. V. LORRAINE.

GUYARD. V. BOURGEVIN (Mme ELIS. J.-B.).

H

HABILLEMENT DE CONNÉTABLE. V. CLERMONT-TONNERRE.

HABILLEMENT DU CAPITAINE DES CENT SUISSES DE LA GARDE DU ROI. V. COSSÉ.

HABILLEMENT D'UN PAIR ECCLÉSIASTIQUE. V. ROCHECHOUART.

HABILLEMENT DU PAIR, COMTE DE CHAMPAGNE. V. BOURBON (Louis-Henri-Joseph).

HABILLEMENT DU PAIR, COMTE DE TOULOUSE. V. ORLÉANS (Louis-Philippe-Joseph).

HABILLEMENT DU Ier GENTILHOMME DE LA CHAMBRE. V. DURAS.

HABILLEMENT DU Ier PAIR ECCLÉSIASTIQUE FAISANT FONCTIONS DE SACRER LE ROI. V. ROCHE-AYMON.

HACHETTE DES PORTES (HENRI), né en 1712, dans le diocèse de Reims, fut nommé abbé de Vermand en 1748, évêque de Sidon en 1755, et de Glandèves en 1771.

Peint par *F. Mauperin,* gravé par *J.-B. Bradel.* In-fol.

HAMERER (JEAN-CHARLES), médecin du prince, évêque de Strasbourg, etc., né dans cette ville le 29 décembre 1645, mort le 4 août 1702.

N. In-fol. D. à dr. Au bas cinq lignes : la première commence par *Joh.;* la dernière finit par *August.*

HAUSÉE (JEAN) (*Johannes Hauseus*).

Thomas *de Leu* fecit. In-8.

HAY (AUGUSTIN-EUGÈNE), écuyer, capitaine général, colonel et conseiller du roi, commissaire aux revues des quatre compagnies des gardes de la ville de Paris, né à Paris le 4 juin 1715, et reçu colonel le 28 mars 1764.

Lambert pinx., 1769, P.-Car. *Levesque* sculp., 1770. In-4.

HAYE (NICOLAS DE LA), doyen de l'église de Noyon.

Le personnage est en pied. D. à dr. On lit au bas de la gravure, sur la droite :

Theodorus *van Merlen* inventor et fecit. In-fol.

HEINRICI (M. JOH.-THÉOB.), pasteur et chanoine de Saint-Thomas de Strasbourg, à l'âge de soixante ans, et trente-six ans de fonctions ecclésiastiques.

J.-A. *Seüpel* delin., sculp. et excud. Argent., 1690. In-fol.

HELLER (JEAN), consul de la république de Strasbourg, et écolâtre de l'université, né le 11 décembre 1559, mort le 24 novembre 1632, à l'âge de soixante-douze ans.

Jac. ab *Heyden* sculpsit. In-4.

HEMERY (N. D'), inspecteur de la librairie.

Offerebat M. L* A****, N.-F. *Regnault* fecit. In-fol.

Le personnage est de profil à g. Dans un médaillon ovale. Au-dessous, sur la tablette, on lit :

Humain, doux, généreux, aux méchants inflexible, Son âme fut toujours à l'amitié sensible.

HÉRAULT (Mme DE).

L.-C. *de Carmontelle* delineavit, *Delafosse* sculpsit, 1763. In-fol. Sur la même feuille avec madame de Séchelles, sa bru. Elle est à g.

HERBERT (JACQUES) entra dans l'ordre de Saint-Bernard au monastère de Clairvaux, fut créé cardinal-évêque de Port et de Sainte-Ruffine en 1251, par Innocent IV. Il mourut en 1254, et fut enterré dans l'église de Clairvaux.

1. N. In-4. Dans l'Histoire des cardinaux françois de *Duchesne*.

2. N. In-8. Dans l'Histoire des cardinaux françois de l'abbé *Roy*, tome III.

HÉRICOURT (LOUIS D'), savant jurisconsulte, écuyer, avocat au parlement de Paris, auteur des Lois ecclésiastiques de la France, né à Soissons (Aisne) en 1687, reçu avocat en 1712, mort à Paris en 1753.

N. In-4. Chez *Bligny*.

HERMINIER (N. L'), prêtre, chevalier de l'ordre du Christ, prieur, curé primitif de la ville de Saint-Chély, ancien chanoine de l'église royale collégiale de Saint-Cloud, avocat au parlement, né au Perche le 8 mai 1703.

Gravé à l'eau-forte par Mlle V. *Chenu*, terminé par *Chenu*. In-4.

HEUPEL (JEAN), pasteur de Saint-Pierre de Strasbourg, âgé de soixante-six ans, de son ministère trente-sept.

J.-A. *Seüpel* delin. et sculp. In-4.

HIRSCHELL (JEAN-JACQUES), pasteur de Saint-Pierre de Strasbourg en 1738, où il prêcha pendant trente-huit ans. Né le 13 mai 1675.

J.-M. *Weis*. Argent. sculp., 1738. In-fol.

HOCHFELDER (PAUL), syndic de la république de Strasbourg, etc. Né en 1540, mort le 11 avril 1600.

1. Christoffel *von Sichem* fecit, 1600. In-fol.

2. N. En petit. D. à dr. Au bas ces deux lignes:

PAULUS HOCHFELDERUS, Sindic et archigramati Argent.

HOFER (JEAN), médecin, auteur d'un Manuel de pharmacie et autres ouvrages, né à Mulhausen (Haut-Rhin) le 28 avril 1669, mort le 26 mars 1752.

D. *Herrliberger* exc. In-8.

HOFMAN (Melchior), enthousiaste exalté et turbulent, patriarche des anabaptistes dans le Holstein et dans les Pays-Bas, né en 1515, mort en prison à Strasbourg.

N. In-4. Assis. D. à g., regarde de face, la main droite appuyée sur un livre. Au bas cette ligne :

MELCHIOR HOFMAN VON STRASBOURG.

HORNES (AMBROISE, comte DE) et de Bassiny, etc., gouverneur et capitaine général de la province et comté d'Artois.

1. Franciscus *de Nys* pinxit, Paul *Pontius* sculpsit. In-4.

2. N. Petit in-4. D. à dr. Au-dessous ces deux lignes:

AMBROISE, CONTE DE BASSINY, ET DE HORNES, BARON DE BOXTEL.

HOSTAGER (JEAN D'), trésorier et vicaire général de l'abbaye de Saint-Victor de Marseille.

Serre pinxit, J. *Coelemans* sculpsit, 1706. In-fol.

HUGUES AYCELIN DE BILLOM, né à Billom en Auvergne dont il prit le surnom, entra dans l'ordre des dominicains; reçu docteur en théologie, il fut nommé lecteur du monastère de Sainte-Sabine, et créé en 1288 cardinal sous le titre de Sainte-Sabine par Célestin V, et ensuite nommé évêque d'Ostie et de Vélitre. Mort au mois de décembre 1298.

1. N. In-4. Dans l'Histoire des cardinaux françois de *Duchesne*.

2. N. In-8. Dans l'Histoire des cardinaux françois de l'abbé *Roy*, tome IV.

HUGUES DE SAINT-MARTIAL, né dans le diocèse de Tulle, fut prévôt de l'église collégiale de Douay, docteur en l'un et l'autre droit, et créé cardinal.

1. N. In-4. Dans l'Histoire des cardinaux français de *Duchesne*.

2. En petit. D. à dr. Au bas : *Hughes de Saint-Martial.*

HULIN (Messire JACQUES), ministre de S. M. le roi de Pologne, duc de Lorraine et de Bar, mort en 1774, âgé de quatre-vingt-treize ans.

Sonois pinx., 1775, de *Longueil* sculp. In-4.

HUMBERT II, dauphin de Viennois. V. VIENNOIS.

HURSON (C.-M.), conseiller honoraire au parlement de Paris, conseiller d'honneur au parlement de Provence, nommé intendant de Toulon en 1760.

Watelet sc., 1771. In-4.

HURTRELLE (SIMON), écuyer, conseiller, procureur du roi au bureau des finances de Moulins, et professeur de l'académie royale de sculpture.

Halé in oleo pinxit, *Putois* encausto depinxit, et *Hurtrelle* devotiss. filius sculpsit. In-8.

I

INGOLD (FRANÇOIS-RODOLPHE), un des treize assesseurs de la république de Strasbourg, écolâtre de l'université, etc., né en 1571, mort le 3 janvier 1642.

P. *Aubry* Arg. sculpsit. In-4.

INNOCENT V (PIERRE DE TARENTAISE), né en Savoie, entra dans l'ordre de Saint-Dominique, devint archevêque de Lyon, fut créé cardinal-évêque d'Ostie par Grégoire X, puis élu pape le 21 janvier 1276, mort à Rome le 22 juin de la même année.

1. N. In-8. Dans *Cavalleriis*.

2. N. In-12. Sur bois. Dans l'Histoire des papes de *Duchesne*.

3. N. In-8. D. à g. Au-dessous une petite vignette représente *les pèlerins d'Emmaüs*.

4. N. In-4. Dans l'Histoire des cardinaux français de *Duchesne*.

5. N. In-8. Dans l'Histoire des cardinaux français de l'abbé *Roy*, tome IV.

6. In-8. Dans l'Histoire des papes de l'abbé *Novaes*.

INNOCENT VI (ETIENNE ALBERT ou AUBERT), né près Pompadour, dans la paroisse de Beissac, au diocèse de Limoges, docteur en l'un et l'autre droit, avocat, puis juge mage en la sénéchaussée de Toulouse, fut nommé évêque et comte de Clermont, pair de France au mois de janvier 1337, transféré à l'évêché de Clermont en Auvergne en 1340, créé cardinal en 1342 par Clément VI, et grand pénitencier de l'Eglise, et peu après nommé évêque d'Ostie et de Vélitre, succéda à ce pape le 18 décembre 1352. Il mourut à Avignon le 12 septembre 1362, et fut enterré à la Chartreuse de Villeneuve-lès-Avignon.

1. N. In-8. Dans *Cavalleriis*.

2. N. In-12. Sur bois. Dans l'Histoire des papes de *Duchesne*.

3. N. In-8. Dans l'Histoire des papes de l'abbé *Novaes*.

ISLE DE LA CROYÈRE (LOUIS DE L').

N. In-8. D. à g. Au bas ses noms en une ligne.

J

JACQUEMIN JADOT, comédien de l'hôtel de Bourgogne.

> Jacquemin, avec sa posture,
> Sa grimace et son action,
> Nazarde à la perfection,
> Et rend quinarde la nature.
> On ne peut assez admirer
> Les bons contes qu'il vient nous dire,
> Qui font qu'à force de trop rire
> Nous sommes contraints de pleurer.

1. G. *Valck* exc. In-fol. En pied.

2. *Leblond* excud. In-fol. En pied.

7

JACQUOT (N.), tambour-major au régiment du roi.

Guay del., *Pompadour* sculpsit. In-8.

JAQUET (MARIE-ANNE).

Lange del., 1771, J.-E. *Mansfeld* fecit. In-12.

JARENTE DE LA BRUYÈRE (LOUIS-SEXTIUS DE), commandeur de l'ordre du Saint-Esprit, né en 1706 à Aix (Bouches-du-Rhône), sacré évêque de Digne le 27 septembre 1747, nommé abbé de Saint-Honorat de Lerins en 1752, passé à l'évêché d'Orléans en 1758, nommé abbé de Saint-Vincent en 1763, mort en 1788.

M. *Rabillion* pinxit, 1771, J.-M. *Moreau* le jeune del., N. *Voyez* l'aîné sculpsit, 1771. In-18 oblong.

Le personnage, D. à dr., regardant de face, décoré de l'ordre du Saint-Esprit, est dans un médaillon rond, entouré d'une guirlande formée de fleurs et de fruits.

JASU (CLAUDE), médecin de Sens, âgé de quarante ans.

W. B. (*Voeiriot*) sc., 1584. In-18.

JEAN XXII (JACQUES D'EUSE ou D'OSSA), né à Cahors, fut successivement évêque de Fréjus, d'Avignon, créé cardinal en 1312, puis élu pape en 1314. Il mourut le 4 décembre 1334.

1. N. In-8. Dans *Cavalleriis*.

2. N. In-12. Sur bois. Dans l'Histoire des papes de *Duchesne*.

3. N. Buste. In-8. D. à dr. Au-dessous une vignette représente *le buisson ardent*.

4. N. In-8. D. à dr. Au-dessous ces deux lignes :

JOANNES XXI DICTUS XXII PONT. CXCVIII Anno Domini MCCCXVI.

5. N. In-4. Dans l'Histoire des cardinaux françois de *Duchesne*.

6. N. In-8. Dans l'Histoire des cardinaux françois de l'abbé *Roy*, tome VI.

7. In-8. Dans l'Histoire des papes de l'abbé *Novaes*.

8. In-18. Dans la Chronologie collée, série des chanceliers de France. Il porte le numéro 55.

JEAN-JEAN (ANTOINE), docteur en théologie, recteur de l'université catholique de Strasbourg, né à Schélestadt le 2 février 1727.

Monica *Tanisch* pinxit, *Verhest* sc. à Manheim. In-4.

JEANNE DE SAINT-SAUVEUR (La V. M.), religieuse professe de Hautes-Bruyères, de l'ordre de Fontevrault, laquelle ayant vécu dans la religion vingt-trois ans, est morte en opinion de sainteté le 20 septembre 1637, âgée de quatre-vingt-un ans.

C. *Charpignon* sculp. In-8.

JEANNIN (NICOLAS), abbé de Saint-Benigne et de la Bussière.

Abraham *la Roche* sculp. In-8. Il est D. à g. Dans une bordure ovale sur laquelle on lit : *Sortes nostræ in manibus tuis Domine*.

JEGOU (Portrait du père JEAN), de la compagnie de Jésus, mort à Rennes en 1699, âgé de quatre-vingt-six ans.

N. In-8. D. à dr. Dans un carré. Au bas les titres ci-dessus forment deux lignes.

JOANNIS (LOUIS-DOMINIQUE-JOANNES DE), chevalier de Saint-Louis, capitaine des vaisseaux du roi, brigadier des armées navales de sa majesté.

Dessiné par C.-N. *Cochin*, gravé par Mme *Lingée*. In-4.

JOBELOT (FRANÇOIS-BONA), prieur de Rufey, chanoine de l'église métropolitaine de Besançon, archidiacre, etc.

N. In-fol. D. à g.

JOLY (JEAN-PIERRE DE), littérateur, né à Milhau (Aveyron) en 1697, mort à Paris en 1774.

J.-B. *Garand* effig. pinx., Car. *Gaucher* sculp. In-8.

JONNART (Ladislas), évêque de Saint-Omer. *Collin* sculp., 1664. In-fol.

JORDAN (Jean-Louis), négociant, né le 6 octobre 1712, mort le 4 août 1759.

N. In-fol. Dans une bordure cintrée. Il est D. à dr., et tient dans ses mains une lettre.

JOSEPH, sourd-muet trouvé sur le chemin à Péronne, en août 1773, réclamant les noms et qualités de comte de Solar, disparu de Toulouse en juillet 1773.

1. Gravé par *Lebeau*. Petit in-4.

2. *Lemoine* del., F. *Janinet* sculp. In-8.

Le texte du numéro 1 a été effacé et remplacé par le nom de *Bette d'Etienville*.

JOUBERT (Louis-Martin-Roch).

Peint en miniature par M. *Hals*, peintre du roi, dessiné par J.-B.-J. *Laurent, Joubert* filius sculpebat, 1773. In-4.

JOUSSE (Daniel), conseiller au présidial d'Orléans, né dans cette ville en 1704, mort en 1781.

Peronnot pinxit, gravé par F. *Lucas*. In-8.

Ce portrait est dans le Traité de la sphère, Paris, 1755.

JULES II (Julien de la Rovère), né à Abizal, près Savonne, fut successivement évêque de Carpentras, archevêque d'Avignon, cardinal, puis élu pape en 1503. Il mourut le 21 février 1513.

1. N. In-fol. Dans un carré. D. à dr. Au bas : Julius II papa Savonnensis ligu'.

2. N. In-8. Dans *Cavalleriis*.

3. N. In-12. Sur bois. Dans l'Histoire des papes de *Duchesne*.

4. *Harrewyn* sc. In-8.

5. N. In-4. D. à g.

6. Peint par *Raphael*, gravé par *Morace*. In-fol.

7. Peint par *Raphael*, gravé par *Morel*. In-fol.

8. *Robert* del., *François* sculp. In-8. Suite d'*Odieuvre*.

9. N. In-8. Dans l'Histoire des papes de l'abbé *Novaes*.

10. *Raphael* pinx., *Landon* direx. In-12.

11. *Nargeot* sc. In-8. Pour *Furne*.

Tous ces portraits ont le même type.

12. N. In-12. De profil à g. D'après une sardoine.

13. *Domiquin* pinxit, *Alais* sc., 1842. Pour le Journal des artistes. Il est assis.

JULIAC (Robert de), trentième grand maître de Malte, grand prieur de France, élu grand maître en 1373.

1. Ph. *Thomassinus*. In-8. De profil à dr. Sur une feuille avec R. de Pins, R. Berenger et F. de Heredia.

2. N. In-8. Copie à g.

3. N. En petit. Sur une feuille à 56 publiée en Italie.

4. N. In-8. De profil à dr. Dans un rond. Au bas dix-sept lignes italiennes; 1376 forme la dernière.

5. *Cars* sculp. In-4.

JUNIUS (Franciscus), François *Dujon*, ministre protestant, né à Bourges en 1545, mort à Leyde en 1602.

Portraits dirigés à droite.

1. H. H. (*Henri Hondius*) fe. In-4.

2. *Matham* sculp. In-4.

3. In-8. Dans un carré. Au bas trois lignes finissant par *melius*.

4. N. In-8. Dans *Meursius*. Au bas : Franciscus Junius S. S. | theologiæ professor.

5. Dans le même ouvrage. In-8. Plus petit.

6. N. In-8. Au bas huit vers hollandais signés G. B.

Portraits dirigés à gauche.

7. In-8. Dans *Meursius*, mêmes lignes qu'au numéro 4.

8. W. *Hollart* fecit Londini, A° 1639. In-4.

9. Chez Pierre *Vander Aa.* In-fol.

10.. Tho. *Trotter* sculp. In-8.

11. N. In-12. Dans un ovale à claire-voie. Au bas F. *Junius.*

12. N. In-18. Dans un carré. Au bas *Franciscus Junius.*

JUSTEL (Henri), conseiller d'Etat, né à Paris en 1620, quitta la France en 1681 pour cause de religion, se retira à Londres, devint bibliothécaire du roi d'Angleterre. Il mourut à Londres en 1693.

N. In-8. De profil à dr. Dans un ovale. Il est représenté assis dans sa bibliothèque.

K

KÆRAUBARS (Yvon de), écuyer de l'évêché de Léon en Bretagne.

N. In-8. Dans *Montfaucon.*

KERCKHOVE (Jean-Polyander van den), théologien protestant, né à Metz en 1568, fut successivement pasteur à Leyde et à Dordrecht; il fut plusieurs fois recteur de l'université de Leyde, il en remplissait les fonctions pour la huitième fois lorsqu'il mourut en 1646.

1. *Baudrigeen* pinxit, *Suyderhoef* sculpsit, 1641. In-fol.

2. *Matham* sculp. In-fol.

3. N. In-fol. Publié par *van der Aa.*

4. In-8. Dans Jean *Meursius,* page 241.

5. P. *Aubry* excud. In-8.

6. N. En petit. D. à g. Au bas ces deux lignes :
Johannes Polyander | theol. Leyden.

KNODERER (Jean-André), de Strasbourg, pasteur de l'église de Saint-Pierre de cette ville, mort en 1650.

1. Peter *Aubry* sculpsit. In-4.

2. N. In-8. D. à dr. Les titres sur la bordure, qui est ovale. Au bas six vers latins finissant par *precor.*

3. N. In-4. Dans un carré. D. à dr. Ses noms

et titres au-dessus. Au bas les six vers du numéro 2. A gauche, dans l'estampe à côté de la tête, on lit : *æt.* 36, *ministerii* 13, *anno* 1645.

L

LABÉ (Louise Charly, dite), surnommée *la Belle Cordière,* femme poëte, née à Lyon en 1526, morte en 1566.

1. P. *W.* (Pierre Woeiriot) sc., 1555. In-12.

2. *Lebarbier* del., *Carrée* sculp. In-fol. major.

3. *Serrur* del. Lith. In-8.

4. H. *Reverchon* lith. In-8.

5. N. H. *Jacob* del. Lith. In-fol.

6. N. sc. In-8. En pied. Costume numéro 132.

LA CHANTRIE (Mlle), de l'Opéra.

Pierre fecit, *Gillberg* sculp. In-fol. En manière de crayon, tête grosse comme nature.

LACROZE (Mathurin Weissière), savant orientaliste, conseiller, bibliothécaire et antiquaire du roi, professeur et directeur du collége français à Berlin, né à Nantes le 4 décembre 1661, mort à Berlin le 21 mai 1739.

1. Ant. *Pesne* pict. reg. pinxit, J.-G. *Wolffgang* sc. reg. sc. Berlin, 1738. In-4.

2. N. In-8. Vu de face. Dans une bordure ovale. Au-dessous quatre lignes en latin finissant par *bibliothecis.*

LA FORCE. V. Chateauroux.

LAFOSSE (Ph.-Et.), vétérinaire distingué, mort à Villeneuve-sur-Yonne en 1820.

Harguiniez pinxit, *Michel* sculpsit. In-fol.

Ce portrait est dans son Cours d'hippiatrique, Paris, 1772.

LAGERY ou CHASTILLON (Eudes de). V. Urbain II.

LAGERY (Bertrand), originaire de Figeac en Quercy, religieux minime, nommé évêque à Glandèves par Urbain V, et cardinal en 1371 par

Grégoire XI, mort à Avignon le 15 novembre 1392.

N. In-4. Dans l'Histoire des cardinaux françois de *Duchesne*.

LA GRANGE (Jean de), surnommé de Bouchamage, religieux bénédictin, prieur de Fauvans au comté de Bourgogne, de Notre-Dame d'Elincour au diocèse de Beauvais, de Gigny au diocèse de Lyon, de Saint-Denis de la Châtre à Paris, évêque d'Amiens, président des aides à Paris, conseiller au parlement, abbé de Fécamp, puis créé cardinal.

N. En petit. D. à dr. Au bas *Jean de la Grange*.

LA GRANGE (Mons. de), principal du collège de Beauvais.

N. In-4. Dans un carré. D. à g., avec le texte ci-décrit.

LA GUERPIERRE (P.-L.-Philippe de), écuyer-major et directeur des bâtiments de S. A. S. M. le duc de Wurtemberg.

Strellet pinxit, *de Verhelst* sc. In-fol.

LA HIRE (Philippe de), astronome, mécanicien, géomètre, hydrographe et mathématicien célèbre, peintre, membre de l'académie des sciences, né en 1640 à Paris, mort dans la même ville le 21 avril 1718, âgé de soixante-dix-huit ans, professeur d'astronomie et de mathématiques au collège de France.

Peint par lui-même. N. sc. In-8. Dans l'Histoire des philosophes modernes de *Saverien*, Paris, veuve *François*, 1773.

LAISNÉ (Antoine), doyen des conseillers aux eaux et forêts de France, procureur général à la chambre souveraine de l'Arsenal, érigée en 1699, mort à Paris en 1716, âgé de quatre-vingt-deux ans.

Daudet fil. fecit. In-8.

LA JEUNE SULTANE. V. Eugénie.

LA JEUNESSE. V. Coypel.

LA LANDE (Joseph-Jérôme le Français de), astronome distingué, né en 1732 à Bourg en Bresse, mort à Paris en 1807.

Portraits dirigés à droite.

1. A. *Pujos* del., 1773, *Ingouf* junior sculp., 1774. In-8.

2. A. *Pujos* del., *Maleuvre* sc. In-4.

3. J. *Ely* del., 1790, A. *de Saint-Aubin* sculp. In-4.

4. F. *Bonneville* del., sculp. In-8.

5. *Ely* del., *Landon* direx. In-8.

6. N. Eau-forte. In-8. Pour la Biographie des contemporains.

Portraits dirigés à gauche.

7. A. *Pujos* del., *Dupin* sc. In-4.

8. *Tassaert* sculp. In-8.

9. *Legrand* lith. In-4.

10. Petit portrait *rébus*.

Avec divers.

11. N. In-8. Avec Sedaine et Gaviniés.

12. N. In-8. Avec Sedaine, Gaviniés et Martini.

13. In-18. Sur une feuille avec divers aéronautes.

14, 15, 16 et 17. Quatre caricatures différentes.

LA LIVE DE BELLEGARDE (Louis-Denis).

Rigaud pinxit, *Lalive* D. J. sculpsit. In-fol.

LA MICHODIÈRE (J.-Bap.-Fr. de), intendant d'Auvergne en 1752, de Lyon en 1757, de la haute Normandie en 1762, conseiller d'Etat et prévôt des marchands en 1772. Son nom a été donné à une des rues de Paris.

I.-S. *Duplessis* pinxit, P.-P. *Moles* sculp., 1772. In-fol.

LA MOIGNON (Chrétien-François II de), président au parlement en 1767, nommé garde des sceaux en 1787, mort dans sa terre de Baville le 16 mai 1789.

Carmontelle. In-fol. Assis.

LA MOTHE (Louis de), maître des requêtes du duc de Lorraine, âgé de cinquante-trois ans en 1570.

P. W. B. (*Woeiriot*) sc. In-4. Au bas quatre lignes en latin; *suæ* 53 forme la quatrième.

LA MOTHE (Théodore ou Thierry de), premier gouverneur du Barrois, âgé de trente-sept ans en 1562.

P. W. B. (*Woeiriot*) sc. In-4. Au bas quatre lignes latines; 1562 forme la quatrième.

LAMY (N.).

N. In-8. Dans un carré. Au-dessus on lit : *usque ad aras*. Au bas Amy Lamy, et au-dessous six vers latins commençant par *Desine*.

LANGALERIE (Philippe de Gentils, marquis de), premier baron de Saintonge, né dans cette province, fut lieutenant général en France en 1704, puis général de cavalerie au service de l'empereur, ensuite général de la cavalerie lithuanienne en Pologne, mort de chagrin à Vienne en Autriche en 1717.

N. In-18. Dans une bordure ovale. D. à dr. Coiffé d'un chapeau ; il tient de la main gauche la poignée de son épée.

LANGEAC (Louis de), abbé de Saint-Antoine de Vienne.

N. In-4. Dans une bordure ovale sur laquelle on lit : *Ludovicus a Langiaco abbas Sancti Antonii Viennensis.* Il est D. à g. Ses armoiries sont à gauche dans la gravure à côté de la tête. (Cette gravure, qui est à la B. R., n'est pas entière.)

LANGEOIS (Le R. P. Benoît), de Paris, capucin.

J. *Bap.* in., *Gérard Audran* sc. In-fol. Il est assis à droite. Il peint une tête de Christ, à gauche de laquelle il y a deux autres têtes.

LANGUISSEL (Bernard de), originaire de Nîmes, archidiacre de Lantrave en l'église cathédrale de Toulouse, archevêque d'Arles, créé cardinal en 1281, mort dans la ville d'Orviète le 13 octobre 1290.

1. N. In-8. Dans l'Histoire des cardinaux françois de *Duchesne*.

2. N. In-8. Dans l'Histoire des cardinaux françois de l'abbé *Roy*, tome IV.

LANSAC (Mme la marquise de), gouvernante du Dauphin, fils de Louis XIII.

J. *Picart* sc. Petit portrait in-18. Il se trouve avec divers personnages autour du portrait d'Anzolles; il est dans l'angle droit du haut. Elle tient le dauphin sur ses genoux.

LANTAGES (Charles-Louis), catéchiste de Saint-Sulpice, né à Troyes en 1616, mort au Puy le 1er avril 1694.

1. *Dulompré* sc. In-8. D'après l'original peint après sa mort.

2. *Dequevauviller* sc. In-12.

LASCARIS CASTELLAR (Jean-Paul), cinquante-sixième grand maître de Malte, fut reçu chevalier à l'âge de seize ans, nommé ambassadeur en Espagne en 1623, était grand-croix de l'ordre et bailli de Manosque lorsqu'il fut élu grand maître le 12 juin 1636. Il mourut à Malte le 16 août 1657, âgé de quatre-vingt-dix-sept ans.

1. N. En petit. Sur une feuille à 56 publiée en Italie. Il est le dernier.

2. Jean *Picart* delin. et fecit. In-8.

3. *Cars* sc. In-4.

4. N. In-8. De trois quarts à g. Dans un rond. Au bas dix-huit lignes italiennes finissant par *anni.*

LASNIER DE LA FRETIÈRE (N.), conseiller au grand conseil.

N. In-8. D. à dr.

LASSUS (Orland ou Roland de), célèbre musicien, né à Bergues (département du Nord), mort à Munich en 1594, âgé de soixante-quatorze ans

1. N. In-4. Sur bois. D. à dr. Agé de trente-neuf ans.

2. J. *Meyssens* excud. In-4. Agé de trente-neuf ans.

3. Jean *Sadeler* sculpsit. In-8. 1593, âgé de soixante et un ans.

4. N. In-8. Sur bois. Dans un carré. D. à dr. Agé de soixante-deux ans, 1594.

5. A. F. fe. In-4. D. à dr. Agé de soixante-sept ans, 1599.

6. N. In-8. Dans *Boissard*. D. à g.

7. *Larmessin* sculp. In-4. D. à g.

8. N. In-18. D. à dr. Au bas ces deux lignes :
   Orlandus Lassus | musicus excellens.

L'ASTIC (Jean Bonpar de), trente-cinquième grand maître de Malte, né en Auvergne vers 1371, était grand prieur de cette province lorsqu'il fut élu grand maître en 1437. Il mourut en 1454.

1. Ph. *Thomassinus.* In-8. De profil à dr. Sur une feuille in-fol., avec P. de Naillac, A. Fluvian et J. de Milly.

2. N. In-8. De profil. Copie à g.

3. N. In-8. De profil à dr. Dans un rond. Au bas vingt lignes italiennes finissant par *Cap. G.*

4. N. En petit. Sur une feuille à 56 publiée en Italie.

5. *Cars* sculp. In-4.

LA TOUCHE (Philbert M., sieur de), maître en fait d'armes des pages de la reine en 1670, né à Nevers.

N. In-4 oblong. D. à dr. Les noms sur la bordure.

LA TOUR (Jean de), religieux bénédictin de la congrégation de Cluny, abbé du monastère de Fleury-sur-Loire, cardinal-prêtre du titre de Saint-Laurent en Lucine.

N. In-4. Dans l'Histoire des cardinaux françois de *Duchesne.*

LA TOUR DE CAMBOLIC (Bertrand-Ageric de), né à Cambolic, diocèse de Cahors, fut religieux minime, archevêque de Salerne, puis, en 1320, créé cardinal-prêtre du titre des Saint-Sylvestre et Saint-Martin, puis évêque de Tusculum. Il mourut en 1327.

1. N. In-4. Dans l'Histoire des cardinaux françois de *Duchesne.*

2. N. In-8. Dans l'Histoire des cardinaux françois de l'abbé *Roy,* tome VIII.

LAUBANIÉ (M. de), commandant de Landau.
Fridrich sc. In-4.

LAURENT (Pierre), graveur, né à Marseille en 1739, mort à Paris en 1809.

Trinquesse del., *Miger* sculp. In-4.

LAUS DE BOISSY (N. de), écuyer, lieutenant particulier du siége général de la connétablie de France.

Pruneau del. et sc., 1773. In-8. De profil à dr. Au bas quatre vers ; le premier commence par *sur,* le quatrième finit par *mémoire.* On le trouve en tête de ses Opuscules, dont il a gravé le titre, Paris, 1775.

LAUTREC (Amaury ou Amélie de), chanoine régulier de l'ordre de Saint-Augustin, référendaire apostolique, évêque de Comminges, cardinal-prêtre du titre de Saint-Eusèbe.

N. In-4. Dans l'Histoire des cardinaux françois de *Duchesne.*

LA VIE (Arnaud de), neveu du pape Jean XXII, docteur ès lois, prévôt de l'église de Bariol, nommé évêque d'Avignon en 1317, puis cardinal. Il mourut en 1336, est enterré dans l'église de Notre-Dame de Villeneuve près Avignon.

1. N. In-4. Dans l'Histoire des cardinaux françois de *Duchesne.*

2. L.-G. *Henr.* fils sc. In-8. Pour les cardinaux de l'abbé *Roy.*

Il est avec le prénom de *Jacques.*

LAW (Mme), femme du fameux contrôleur général des finances.

N. In-8. D. à dr. Elle est coiffée d'un chapeau.

Au bas six vers hollandais ; le premier commence par *Ik* (Portrait satirique).

LEBERTHON (A.-J.-H.), premier président au parlement de Bordeaux depuis 1735 jusqu'en 1767. N. In-fol. D. à dr. Dans une bordure cintrée. Il a devant lui un livre ouvert, la main droite dessus, le séparant en deux.

LEBLANC (Louis), doyen, professeur de l'école royale de chirurgie et lith. de l'Hôtel-Dieu de la ville d'Orléans, de l'académie royale de chirurgie de Paris, de celles des sciences de Rouen, Dijon, Toulouse, Angers, Montpellier et Clermont-Ferrand.

Lenoir pinx., *Elluin* sculp. In-4.

LEBLANC DE CASTILLON (JEAN-FRANÇOIS-ANDRÉ), procureur général au parlement de Provence, né à Aix (Bouches-du-Rhône) le 9 mars 1719.

1. N. In-4. D. à dr. Au bas trois lignes de titres finissant par *Provence*.

2. Peint par *Duplessis,* gravé par Etienne *Beisson*, 1790. In-fol.

LE CENE (CHARLES), ministre protestant, né à Caen en 1647, mort à Londres en 1703.

F.-M. *Lacave* fecit, London. In-fol.

LEFEBURE (GUILLAUME). V. FEBURE.

LEGER (CLAUDE), curé de Saint-André des Arts, né en 1699 à Attichy près Soissons, mort à Paris en 1774.

1. Dessiné et gravé par *Nochez*. In-8.

2. *Nochez* inv. et sculp. In-4. A ce portrait, au titre de curé sont joints ceux de *grand vicaire de Meaux et grand vicaire de Rouen.*

LE JOUEUR. V. DUCREUX.

LELEU (Messire JACQUES), chanoine de Laon, mort le 21 juillet 1761.

Dessin à la pierre noire. In-4.

LEMAIGRE (J.), conseiller d'Etat, né à Saint-Fargeau en 1619, mort à Paris en 1679.

Petit filius fecit. In-fol.

LEMAIRE (CLAUDE), prêtre de Saint-Quentin. T.-C. *Guillaume* sculp. In-8.

LE MAY (GUILLAUME), capitaine de cent ving archers du roi et de la ville de Paris, gouverneu des sceaux du roi, et tailleur de la monnaie er la ville de Rouen, mort en 1480.

1. N. In-8. Dans *Montfaucon.* En pied.

2. N. In-8. Copie. Costume numéro 86.

LEMENU DE SAINT-PHILBERT (CHRISTOPHE) musicien.

Peint par *Lefevre* l'aîné, gravé par son an *Basan.* In-4. Il en existe des contre-épreuves.

LEMESLE (M.-C.), négociant au Havre, d l'académie des sciences, belles-lettres et arts d Rouen.

C.-N. *Cochin* filius del., B.-A. *Nicollet* sculp In-8.

LEMIT (LOUIS), architecte.

L. *Trinquesse* del., L.-S. *Lempereur* sculp In-4.

LEMOYNE (JEAN), né au bourg de Crécy a diocèse d'Amiens, fut chanoine de Notre-Dam de Paris, doyen de l'église cathédrale de Bayeux créé en 1294 cardinal du titre des saints Pierr et Marcellin, par le pape Clément V, mort Avignon en 1313. Il fonda à Paris un collège qu porta son nom, qui est encore porté maintenan par un des chantiers de bois de Paris.

N. in-4. Dans l'Histoire des cardinaux fran çois de *Duchesne.*

LEMPEREUR (L.-S.), graveur du roi et de s majesté impériale et royale, de l'académie de V lenciennes, etc., né à Paris le 16 mai 1728.

L.-R. *Trinquesse* pinx., L.-S. L. (*Lempereu* sculp. In-fol.

LENONCOURT (PHILIPPE DE), né au châtea de Coupvray en Brie en 1527, nommé évêqu et comte de Châlons en 1550, pair de Franc puis évêque d'Auxerre, commandeur de l'ord du Saint-Esprit en 1579, conseiller d'Etat, abbé de Monstier-en-Der diocèse de Châlons, de Monstier-Saint-Jean diocèse de Langres, de Rebais diocèse de Meaux, d'Oigny diocèse d'Autun, d'Epernay diocèse de Reims, de Barbeaux en 1551, prieur de la Charité-sur-Loire, fut créé cardinal-prêtre du titre de Saint-Onuphre, le 17 décembre 1586, nommé archevêque de Reims en 1588. Il mourut à Rome le 13 décembre 1591.

Dessin in-fol. à la pierre noire B.R., collection des chevaliers du Saint-Esprit.

LÉON IX (Bruno ou Brunon), né en Alsace (départ. du Haut-Rhin), fut évêque de Toul, puis élu pape en 1048, mort à Rome le 19 avril 1054.

1. N. In-8. Dans *Cavallerüs.*

2. N. In-12. Sur bois. Dans l'Histoire des papes de *Duchesne.*

3. N. In-4. Dans l'Histoire des cardinaux françois de *Duchesne.*

4. N. In-8. Dans l'Histoire des papes de l'abbé *Novaes.*

LEPOIS (Nicolas), médecin, né à Nancy en 1527.

1. W. *Woeiriot* sc. In-12. De profil à dr. Agé de cinquante-deux ans.

2. N. V.-D. *Meer* fecit. In-4.

LE RAT (Godefroy), douzième grand maître de Malte, élu en 1195, mort en 1206.

1. Ph. *Thomassinus.* In-8. De trois quarts à dr. Sur une feuille in-fol. avec G. de Montaigu, Gerin et B. de Comps.

2. N. In-8. De trois quarts à g. Copie.

3. N. En petit. Sur une feuille à 56 publiée en Italie.

4. *Cars* sculp. In-4.

LEROY (Julien), horloger du roi, ancien directeur de la société des arts, né à Tours le 8 août 1686, mort à Paris le 20 septembre 1759.

1. *Perroneau* pinx., *Moitte* sculp. In-fol.

2. Peint par *Perroneau*, gravé par F. *Hubert.* In-8.

3. N. Lith. In-fol. D. à dr.

LEROY (Claude), huissier.

N. In-8. D. à dr. Au bas trois lignes finissant par 1772, et sur la poitrine cet écriteau : *Huissier | souffleur | d'exploits | prévaricateur | et falsificateur | de billets.*

LESCALOPIER (M. l'abbé), protonotaire du saint-siége apostolique, conseiller, aumônier et prédicateur du roi, aagé de 45 ans, ayant déjà presché vingt ans les advents et caresmes.

P.-F. *François* fecit 1648. In-8.

LESCALOPIER (N.), fut intendant de Montauban en 1740, de Tours de 1756 à 1766.

N. In-4. Dans un ovale. Il est de trois quarts. D. à dr., regarde de face. Il porte jabot et gilet brodés ; son manteau jeté sur l'épaule gauche vient sur le devant à droite ; à gauche il n'en paraît qu'une petite partie ; son gilet laisse voir six boutons façonnés, son habit sept, et sur la manche on en aperçoit quatre.

Ce portrait est gravé par *Will*, bien qu'il ne porte pas de nom de graveur. Il a dû être fait pour être imprimé dans un cartouche, thèse ou ordonnance.

L'ovale a 152 millimètres de hauteur et 123 de largeur.

LESCUYER (Blaise), gouverneur de Saint-Mihiel, conseiller du prince de Lorraine, âgé de cinquante-neuf ans.

W. *Woeiriot* sc. In-18. Les noms et titres du personnage sont en latin.

LE SERRURIER (J.-L.), négociant à Saint-Quentin, né le 29 novembre 1693, mort le 1er mars 1774, âgé de quatre-vingts ans trois mois.

Dessiné par *Vallière* en 1773, gravé en 1774 par P.-P. *Choffard.* In-4.

LE SEUR (Thomas), minime, professeur de mathématiques à la Sapience à Rome, né le 1er octobre 1703 à Rethel (Ardennes), mort à Rome le 22 septembre 1770.

Dessiné à Rome par C.-N. *Cochin* en 1750, gravé par B.-A. *Nicollet.* In-4.

LETANCOURT (P.-B.-H. DE), comtesse de Mareilles.

Ch. *Eisen* delin., 1764, *de Longueil* sculp., 1765. In-4.

LETELLIER (MARGUERITE). V. NEUFVILLE.

LEVASSEUR (ROSALIE), de l'académie royale de musique, pensionnaire du roi, née à Valenciennes.

Dessiné et gravé par N. *Pruneau*, d'après le buste de Ph. *Dumont* de Valenciennes. In-4.

LEVASSEUR (JEAN-CHARLES), graveur du roi, membre de l'ancienne académie de peinture, né le 21 octobre 1734 à Abbeville, mort à Paris le 15 novembre 1816.

1. *Greuze* pinx., N. sculp. In-fol.

2. *Greuze* pinx., *Weber* delin. Lith. In-8.

LEVÈQUE DE LA CASSIÈRE. V. CASSIÈRE.

LEVIS (JEAN-CLAUDE DE), marquis de Château-Morand, cinquième fils de Jean-Louis de Levis, comte de Charlus, et de Diane de Daillon du Lude.

Germ. *Audran* sculp. In-fol. Il est D. à dr. Dans une bordure ovale, formée de feuilles de laurier. A gauche du médaillon, sur le support, les noms du graveur.

LÉVY (GUY DE).

M. *Lasne* inv. et fecit. In-fol. oblong. Dans une composition emblématique où le personnage est représenté trois fois. Il est à cheval au milieu de l'estampe; à droite et à gauche, il est sur un char traîné par des captifs.

LIBERGE (MARIN), docteur en droit à Angers.

N. In-8. Dans un médaillon rond avec ornements. Il est D. à g. Au-dessous dans un petit médaillon ses titres en cinq lignes : *Marin | Liberge | docteur | en droit à | Angers.*

LIGNY (JEAN DE), conseiller au parlement en 1607, maître des requêtes en 1613.

Stuerhelt sc. In-4.

LINDERN (FRANÇOIS-BALTHASAR DE), médecin et botaniste, auteur de divers ouvrages, né en 1682 à Buttweiler (Haut-Rhin), mort en 1755.

J.-M. *Weiss*, Argent. sc. 1739. In-8.

LINGUET (SIMON-NICOLAS-HENRI), avocat et littérateur, né à Reims en 1736, décapité à Paris en 1794.

1. Aug. *de Saint-Aubin* del. et sculp. In-4.

2. Gravé par *Delatre.* In-4.

3. A Augsbourg, chez J. *Haïd* et fils. In-4.

4. J.-B. *Greuze* pinx., Aug. *de Saint-Aubin* sculp. 1780. In-4.

5. Aug. *de Saint-Aubin* sc. In-4. Petit buste avec emblèmes. Au bas quatre vers par *François de Neufchateau.*

6. *Mariage* sc. In-18.

7. N. In-12. D. à dr. Dans un encadrement rond, le nom en dedans, écrit à *rebours.*

8. *Deveria* del., *Dequevauvillers* sc. In-12.

9. Ambroise *Tardieu* direxit. In-8.

10. N. Dans le Dictionnaire biog. L.-G. *Peugnot.* Sur une feuille in-8 à douze personnages.

11. N. Petit portrait. *Rébus.*

LIOT (ANTOINE), de Saint-Omer, carme déchaussé, provincial en Belgique, âgé de soixante-douze ans, mort à Lille le 19 février, âgé de soixante-treize ans, et de profession cinquante-deux, connu en religion sous le nom de V. P. *Basile de Sainte-Catherine de Sienne.*

R. *Leconte* pinx., J. *Minette* sc. In-4.

LISIGNE. V. ERARD.

LIVRY (NICOLAS DE), évêque de Callinique, nommé abbé de Sainte-Colombe en 1756.

1. Peint par L. *Toqué*, gravé par *Massard.* In-fol.

2. L. *Tocqué* pinx., 1752, *Savard* sc., 1773. In-8. Avec les titres sur la tablette.

Ces titres ont été remplacés par une vignette.

LOMBRE (André de), docteur en théologie, de l'ordre des minimes, provincial de la province de Touraine.

Durand scul. In-fol. A g. on lit : *Durand*, et à dr. *scul.*

LOMPAGIEU LAPOLE (Jean), médecin vétérinaire breveté du roi.

L. *Boquet* fecit, J.-B. *Bigant* sc. In-4.

LONGEPIERRE (H.-B. de Requeleyne, baron de), poëte et traducteur, né à Dijon le 16 octobre 1682, mort à Paris, âgé de trente-neuf ans.

De Troy pinx., C. *Dup.* sc. In-18.

LORGUE (Nicolas de), vingtième grand maître de Malte, élu en 1278, mort en 1288.

1. Ph. *Thomassinus.* In-8. De profil à g. Sur une feuille in-fol., avec P. de Villebride, G. de Châteauneuf et H. Revel.

2. N. In-8. Copie à dr.

3. N. En petit. Sur une feuille à 56 publiée en Italie.

4. *Cars* sc. In-4.

5. N. In-8. Dans un rond. De profil à g. Au bas quinze lignes italiennes finissant par *Generali.*

LORRAINE. V. Etienne IX.

LORRAINE. V. France (Claude de).

MAISON DE LORRAINE.

DUCS DE LORRAINE.

LORRAINE (François II, duc de).

Joannes *Valdor, Nancej* fecit. In-18.

Lorraine-Guise.

LORRAINE (Claude). V. Lorraine-Aumale.

LORRAINE (Marie de), fille de Claude de Lorraine, premier duc de Guise, et d'Antoinette de Bourbon, née le 22 novembre 1515, épousa en premières noces à Paris, le 4 août 1534, Louis II d'Orléans-Longueville, et en secondes noces Jacques Stuart V, roi d'Ecosse. Elle mourut à Paris le 10 juin 1560. Elle est enterrée dans le chœur de l'abbaye de Saint-Pierre de Reims.

1. Ad. *van der Werf* pinx., P.-A. *Gunst* sc. In-fol.

2. *Jameson* pinx., E. *Harding* sc. In-4.

3. *Harding* del., publié en 1794 par J. *Herbert.* In-8.

4. Lith. par A. *Prieur.* In-fol.

LORRAINE (Louis de), cardinal de Guise, fils de Claude de Lorraine Ier, duc de Guise, et d'Antoinette de Bourbon, né le 21 octobre 1517, fut nommé évêque de Troyes en 1545, d'Alby en 1550, archevêque de Sens en 1561, puis évêque de Metz en 1568, fut aussi abbé de Saint-Victor de Paris, de Moissac et de Saint-Pierre de Bourgueil, créé cardinal le 22 décembre 1553, par Jules III. Il sacra Henri III le 13 février 1575, et mourut à Paris le 29 mai 1578, âgé de cinquante-six ans.

1. N. In-8. De profil à dr. Dans l'Histoire des cardinaux illustres de l'abbé *Alby.* Au bas deux lignes finissant par 1578.

2. En petit. D. à dr. Dans un carré. Au bas : *Louis de Guise.*

Lorraine-Aumale.

LORRAINE (Claude de), duc d'Aumale, pair et grand veneur de France, chevalier de l'ordre du roi, colonel général de la cavalerie légère, lieutenant général au gouvernement de Bourgogne, fils de Claude de Lorraine, duc de Guise, et d'Antoinette de Bourbon, naquit le 1er août 1526, fut tué d'un coup de canon au siége de la Rochelle le 14 mars 1573.

1. N. In-8. De profil à droite. Médaillon et revers. Les noms autour en dedans.

2. *Mauzaisse* lith. In-4.

LORRAINE (Charles de), duc d'Aumale, pair et grand veneur de France, gouverneur de Picardie, fait chevalier du Saint-Esprit le premier janvier 1579, fils de Claude de Lorraine, duc d'Aumale, et de Louise de Brézé, né le 25 janvier 1555, mort à Bruxelles l'an 1631.

N. In-8. D. à dr. Les noms sur la bordure. Au bas ces vers :

Paris très-catholique et à Dieu plus fidelle,
Vrayment tu ne pouvois avoir un gouverneur
Plus sage et accompli et plus en ta faveur,
Que ce duc qui mourra pour ta juste querelle.

LORRAINE (Claude de), dit *le chevalier d'Aumale,* abbé du Bec, chevalier de Malte, général des galères de la religion, fils de Claude de Lorraine, duc d'Aumale, et de Louise de Brézé, tué à l'âge de vingt-sept ans dix mois et vingt et un jours, à l'attaque de Saint-Denis le 3 janvier 1591.

1. Thomas *de Leu* fecit. In-8. D. à dr. Dans une bordure ovale sur laquelle on lit : *Anno ætatis suæ vigesimo quinto.* Au bas ces vers :

Ce vaillant prince armé est un Mars furieux
Du craintif huguenot la terreur et la crainte,
Sa lance un fort pilier de l'Eglise très-saincte,
Et son œil aux amis est toujours gracieux.

2. *Osmant Want* fe. In-8. Même composition, mêmes vers. Il est D. à g.

3. *Mauzaisse* lith. In-fol.

Lorraine Armagnac.

LORRAINE (Charles de), dit *le prince Charles,* comte d'Armagnac, chevalier des ordres du roi, nommé maréchal de camp en 1708, puis grand écuyer, fils de Louis de Lorraine, comte d'Armagnac.

N. In-fol. En pied. Pour le sacre de Louis XV, en *costume de seigneur,* nommé pour porter la queue du manteau royal.

LORRAINE.

LORRAINE (Charles-Alexandre de), feld-maréchal au service d'Autriche, né à Lunéville le 12 décembre 1712, mort en 1780, dans les Pays-Bas, dont il était gouverneur.

1. Peint à Vienne, par Martin *de Meytens,* gravé par J. *Daullé.* In-fol.

2. *Pinsio.* Copie. In-8. Suite d'*Odieuvre.*

3. *François Lotha.* fecit 1753. Petit médaillon avec emblèmes. Dans une gravure. In-8.

4. N. In-fol. En Angleterre. D. à dr., couvert d'un manteau à fourrures sous lequel on voit sa cuirasse. Il porte le nom seul de *Charles.*

5. Peint par L. *Legendre,* pensionnaire de S. A. R., gravé par A. *du Boulois.* In-fol.

6. Peint à Vienne par M. *de Meytens, Petit* sc. In-8.

7. N. sc. 1753. In-fol. Chez *Petit.*

8. N. Statue. In-8. Sur la face du support, dix lignes dont le millésime 1769 forme la dernière.

9. Invenit et sculp., P. *Verchasselt,* gravé par H. *Sintzenich* à Manheim. In-fol. Statue.

LOSTANGES (Arnauld-Louis, marquis de), maréchal des camps et armées du roi, premier écuyer de Madame.

Dessiné d'après nature à Compiègne en 1764, et gravé à Bâle en Suisse, par Ch. *de Mechel,* 1765. In-4. Au-dessous ces vers :

Si les sentiments les plus vrais,
Pour un protecteur respectable,
Des efforts d'un artiste assuroient les succès,
Lostanges, quand ma main ose peindre vos traits,
Mon zèle auroit rendu mon art inimitable.

LOUPTIÈRE. V. Relongue.

LOUVENCOURT (Marie de), femme poëte, morte en 1712, à Paris, sa patrie, âgée de trente-deux ans.

C.-P. *Marillier* del., N. *Ponce* sculp., 1773. In-18 oblong.

LUBIN (Jacques), graveur.

1. *Dessin.* In-fol. A l'encre de Chine. B. R.

2. Eau-forte. In-8. D. à dr. Dans un carré. B. Ste-G. Au bas, écrit à la main, on lit : M. *Lubin,* par Mlle *Moyreau.*

LUDRE (Mme de).

1. N. *Arnoult* fecit. In-fol. En pied.

2. Chez *Mariette.* In-fol. En pied.

3. Chez A. *Trouvain.* In-fol. En pied.

LYCOSTHÈNES (Conrad-Wolfhart, plus connu sous le nom de), savant philologue, né à Ruffach (Haut-Rhin) en 1515, mort à Bâle le 8 avril 1561.

1. R. B. (*Robert Boissard*). In-8.

2. H. H. (*Henri Hondius*) exc. In-4.

3. N. In-8. Dans un encadrement ovale. D. à g. Au bas cette ligne :

Conradus Lycosthenes, theologus et philologus.

LYRA (Nicolas de), religieux minime, naquit à Lyre, diocèse d'Evreux. Né dans la religion juive, il commença à étudier sous les rabbins ; il vint à Paris, entra chez les minimes, fut reçu docteur en théologie, qu'il professa dans le grand couvent de son ordre, en devint provincial. Il mourut en 1340.

1. N. In-4. Dans *Thevet*.

2. N. In-8. Dans *Thevet*.

3. N. En petit. Dans la Chronique d'*Opmeer*.

4. Petit médaillon sur bois. Dans le Promptuaire des médailles de Guillaume *Rouillé*.

M

MABUSE (Jean), peintre, né à Maubeuge, mort à Anvers le premier octobre 1532, est enterré dans la cathédrale de cette ville.

1. Th. *Galle* excud. In-4.

2. E. *de Boulonois* fec. In-4.

3. S.-A. *Bannermann* sculpsit. In-4.

4. N. En petit. Dans la Chronique d'*Opmeer*.

5. N. In-18. Dans un ovale à claire-voie. Au bas ces mots : *John Mabuse painter*.

6. J.-V. *Sandrart* del. In-8.

7. Publié en 1796, par G. *Barrett*. In-8.

8. J. *Girtin*. In-8.

9. In-8 oblong. Dans l'Histoire des peintres, par *Decamps*.

MACQUER (Pierre-Joseph), médecin et professeur de pharmacie, membre de l'académie des sciences, né à Paris en 1718, mort en 1784.

N. In-fol. D. à g. Avec cinq lignes de noms et titres en latin, et au bas : *Offerebat Josephus Thomas Philippus* Henry Duparc *in utroque jure licentiatus*.

MAGIMEL (Ph.-An.), ancien consul, ancien grand garde du corps de l'orfévrerie de Paris, mort en 1772, âgé de quatre-vingts ans.

Aubert delineavit, *Demarteau* sculpsit. In-4.

DESCOTTES (E.-M.), épouse du précédent, morte en 1770, âgée de soixante et onze ans.

N. sc. In-4.

MAGNAC ou MAIGNAC (Aimery de), docteur en l'un et l'autre droit, conseiller et maître des requêtes ordinaire des rois Jean et Charles V, doyen de Notre-Dame de Paris, puis évêque de la même ville, créé cardinal-prêtre du titre de Saint-Eusèbe.

1. N. In-4. Dans l'Histoire des cardinaux françois de *Duchesne*.

MAILLARD (Jean), musicien.

N. In-8. Sur bois. Dans un encadrement ovale, avec emblèmes. Dans l'ovale, à g. de la tête on lit : *Joannes*, et à dr. *Maillard*.

MALESEC (Guy de), neveu de Grégoire XI, fut successivement évêque de Lodève et de Poitiers, référendaire de Grégoire XI, et créé cardinal du titre de Sainte-Croix de Jérusalem, puis évêque de Préneste, fut légat en Angleterre, Brabant, Gueldres, Flandre et Hainaut.

1. N. In-4. Dans l'Histoire des cardinaux françois de *Duchesne*.

MALOET (Pierre-Marie), né à Paris en 1730, fut reçu docteur en médecine de la faculté de Paris en 1752, devint professeur de physiologie, etc., médecin en chef de l'hôpital de la Charité, médecin de Mesdames de France, filles de Louis XV, inspecteur général des hôpitaux militaires du royaume et conseiller du roi ; il émigra. Rentré en France, il fut nommé un des quatre médecins consultants de Napoléon. Il mourut d'une attaque d'apoplexie à Paris en 1810.

1. Dessiné par C.-N. *Cochin*, gravé par Mme *Lingée*. In-4.

2. C.-N. *Cochin* del., Aug. *de Saint-Aubin* sc. In-4.

MALON (M. DE), médecin.

Martin del., L. *Bosse* sculp. In-8. Au bas quatre vers ; le premier commence par *Conservateur*, le quatrième finit par *main*. Il est dans l'ouvrage intitulé *le Conservateur du sang humain*. Paris, Antoine *Boudet*, MDCCLXVI.

MALTE (GRANDS MAÎTRES DE L'ORDRE DE). Sous cette dénomination sont compris les grands maîtres de Saint-Jean de Jérusalem, de Rhodes et ceux de Malte.

Ordre d'élection.	*Ordre alphabétique.*
GÉRARD-TUM, fondateur.	40. AMBOISE (Emery d').
1. DUPUY (Raimond).	39. AUBUSSON (Pierre d').
2. BALBEN (Auger de).	2. BALBEN (Auger de).
3. COMPS (Arnaud de).	29. BERENGER (Raimond).
7. DESMOULINS (Roger).	41. BLANCHEFORT (Guy de).
9. DAPS (Ermengard).	50. CASSIÈRE (Lévêque de la).
10. DUISSON (Godefroy de).	18. CHATEAUNEUF (Guill. de).
12. LE RAT (Godefroy).	58. CLERMONT (Annet de).
13. MONTAIGU (Guérin de).	3. COMPS (Arnaud de).
16. COMPS (Bertrand de).	16. COMPS (Bertrand de).
18. CHATEAUNEUF (Guill. de).	27. CORNILIAN (Pierre).
19. REVEL (Hugues de).	9. DAPS (Ermengard).
20. LORGUES (Nicolas de).	7. DESMOULINS (Roger).
21. VILLIERS (Jean de).	10. DUISSON (Godefroy de).
22. PINS (Odon de).	1. DUPUY (Raimond).
23. VILLARET (Guillaume de).	GÉRARD-TUM, fondateur.
24. VILLARET (F.), 1er de Rhod.	26. GOZON (Dieudonné de).
PAGNAC (Maurice de).	30. JULIAC (Robert de).
25. VILLENEUVE (Helion de).	56. LASCARIS (Paul).
26. GOZON (Dieudonné de).	35. LASTIC (Jean).
27. CORNILIAN (Pierre).	12. LE RAT (Godefroy).
28. PINS (Roger de).	20. LORGUES (Nicolas de).
29. BERENGER (Raimond).	36. MILLY (Jacques de).
30. JULIAC (Robert de).	13. MONTAIGU (Guérin de).
33. NAILLAC (Philibert de).	33. NAILLAC (Philibert de).
35. LASTIC (Jean).	PAGNAC (Maurice de).
36. MILLY (Jacques de).	55. PAULE (Antoine de).
39. AUBUSSON (Pierre d').	22. PINS (Odon de).
40. AMBOISE (Emery d').	28. PINS (Roger de).
41. BLANCHEFORT (Guy de).	19. REVEL (Hugues de).
43. VILLIERS (P.), 1er de Malte.	45. SAINTE-JAILLE (Didier de).
45. SAINTE-JAILLE (Didier de).	47. SANGLE (Claude de la).
47. SANGLE (Claude de la).	48. VALETTE (Jean de la).
48. VALETTE (Jean de la).	51. VERDALE (Hugues de).
50. CASSIÈRE (Lévêque de la).	23. VILLARET (Guillaume).
51. VERDALE (Hugues de).	24. VILLARET (F.), 1er de Rhod.
53. WIGNACOURT (Alophe de).	25. VILLENEUVE (Helion de),
55. PAULE (Antoine de).	21. VILLIERS (Jean de).
56. LASCARIS (Paul).	43. VILLIERS (P.), 1er de Malte.
58. CLERMONT (Annet de).	53. WIGNACOURT (Alophe de).
62. WIGNACOURT (Adrien de).	62. WIGNACOURT (Adrien de).

MANDAGOT ou MANDAGOUT (GUILLAUME DE) prévôt de l'église de Toulouse, archidiacre de Nîmes, archevêque d'Embrun, créé cardinal le 1 décembre 1312 par Clément V.

1. N. In-4. Dans l'Histoire des cardinaux français de *Duchesne*.

2. N. In-8. Dans l'Histoire des cardinaux français de l'abbé *Roy*, t. VI.

MANDERSCHEID (JEAN, comte DE), évêque de Strasbourg et landgrave d'Alsace, nommé par les chanoines protestants, mort en 1584.

N. In-18. Médaillon et revers. Les noms au tour.

MANNEVILLE (Mlle CATHERINE DE).

1. *De Larmessin* del. et sc. In-fol. Petit médaillon porté par la Renommée, et, dans le bas, la Peinture semble la reproduire.

2. *Baudemont* sculp. In-4.

MAPP (MARC), *Marcus Mappus*, médecin botaniste, né à Strasbourg le 2 octobre 1632, mort le 9 août 1701, dans la même ville. Il est auteur de plusieurs ouvrages sur les plantes.

P. *Savoyet* pinxit, J.-A. *Seüpel* sculp. In-fol.

MARBACH (PHILIPPE), docteur et professeur de théologie à Strasbourg, né dans cette ville le 15 avril 1550, mort le 28 septembre 1611.

1. N. In-8. Au bas, les titres en latin, plus six vers latins par M. *Joh. Paulus Crusius Argentoratensis*.

2. Copie. In-8. A dr. Avec le même texte.

3. N. En petit. D. à dr. Au bas ces deux lignes : PHILIPPUS MARBACHIUS, | theol. D. et prof. Argent.

MARCHAND (J.-H.), avocat et censeur royal. Dessiné par A. *Pujos*, gravé par Mme *Lingée*. In-4.

MARCENAY (GUY DE), graveur, né en Bourgogne.

Se ipsum delineabat et sculp. In-fol. Il est dans une bordure cintrée et D. à g.

MARCILLE (Guillaume), peintre.

1. N. In-8 avec emblèmes. Au bas ces deux lignes :

Guglielmo Marcilla pit. | franzese.

2. N. In-12. Au bas ces trois lignes :

Guglielmo Marcilla, | pittore francese | mori nel 1537.

3. N. Lit. In-8. Tête vue de face. Au bas on lit :

GUGLIELMO DA MARCILLA.

Les deux premiers sont sur bois et D. à dr.

MARCIN ou MARCHIN (Ferdinand, comte de), et du saint-empire, marquis de Clermont d'Entragues, comte de Graville, baron de Dunes, seigneur de Maizières et de Modave, maréchal de France, gouverneur de Valenciennes, chevalier des ordres du roi, né à Malines au mois de février 1656, tué le 7 septembre 1706 dans un combat près de Turin.

Chez H. *Bonnard*. En pied. In-fol.

MARCORELLE (Jean-François de), baron d'Escale, de l'académie royale des sciences et belles-lettres de Toulouse, etc.

F.-A. *Bourgoin* delin., L. *Lempereur* sculp. In-4.

MARESCHAL (Charles-Joseph), prieur de Mortain, chancelier de la cathédrale de Besançon.

Petrus *Loisy* fecit. In-fol.

Le personnage est dans un carré, D. à g., vu jusqu'à mi-jambes. Il tient dans la main droite un papier, au-dessus sont ses armes. Au bas, sur la dr. et dans la gravure, on lit ces deux lignes : *Petrus Loisy | fecit.*

MARIN (Michel-Ange), de l'ordre des minimes, écrivain ascétique, né à Marseille en 1697, mort à Avignon en 1767.

N. sc. In-8. D. à g. Au bas ces vers :

Modèle des vrais sages,
Marin dans la retraite assura son bonheur.
Le ciel eut ses désirs, la vertu ses ouvrages,
L'humilité son cœur.

MARMIESSE (Bernard de).

Dans une grande composition allégorique. In-fol. oblong. Le personnage est au bas à dr. Dans un médaillon ovale. In-8. D. à g.

P.-F.-M. *Boessius* ord. præd., S. theol. Lemovicis publicus professor. D.D.D. 1650.

MAROT (Jean), graveur et architecte, né à Paris vers 1630, mort vers 1695.

Le personnage, D. à g., regarde de face. Il tient dans la main droite un papier roulé ; de cette main, on aperçoit quatre doigts en partie recouverts par son manteau ; l'index touche presque sa collerette. Ce portrait est dans un ovale. Dans la courbe du bas on lit :

N. de P. *Montagne* pinxit, J. *Gole* sculpsit, et dans le haut : J. mt.

168 millimètres de hauteur et 139 de largeur.

MARQUET (François-Nicolas), doyen des médecins de Nancy, le Théophraste de la Lorraine, né à Nancy en 1687, mort dans la même ville le 28 mai 1759.

1. N. In-fol. D. à dr. Au bas les titres ci-décrits.

2. *Nicole* sc. à Nancy, 1763. In-8.

MARRIER (Dom Martin), bénédictin, de la maison de Saint-Martin-des-Champs, né à Paris en 1572, mort dans la même ville en 1644.

Moncornet excud. In-8.

MARS (Effigie du vénérable père Noel), natif d'Orléans, premier vicaire général des bénédictins réformés en Bretagne, d'exemplaire humilité, simplicité, prudence et piété. Il mourut au prieuré de Léon près Dinan, le dernier jour de janvier 1611, âgé de presque trente-cinq ans.

N. In-18. A genoux, D. à dr. Au bas les titres décrits.

MARTIN IV (Simon de Brie ou de Brion), né en Touraine, fut trésorier de Saint-Martin de Tours, chancelier de France sous saint Louis, créé cardinal en 1261 par Urbain IV, puis élu pape le 22 février 1281, mort le 28 mars 1285.

1. In-8. Dans *Cavalleriis*.

2. N. In-12. Sur bois. Dans l'Histoire des papes de *Duchesne*.

3. N. In-4. Dans l'Histoire des cardinaux françois de *Duchesne*.

4. N. In-8. Dans l'Histoire des cardinaux de l'abbé *Roy*, tome IV.

5. N. In-8. Dans l'Histoire des papes de l'abbé *Novaes*.

MASSÉ (JACQUES), né à Abbeville, mort en Angleterre.

N. In-8. D. à dr. Au bas on lit : Portrait du philosophe *Massé*, tiré de la bibliothèque de milord *Bulinbroke*. On le trouve en tête de ses voyages. Bordeaux, Jacques *Laveugle*, MDCCX.

MATAMORE (Le capitan), comédien de l'hôtel de Bourgogne.

1. *Huret* inventor, *Rousselet* fecit, *Mariette* exc.

2. H. L. lith. In-fol.

MATHA. V. SAINT-JEAN DE.

MATHERON (JEAN DE).

N. *Médaille* et revers. Planche in-4. Autour de la médaille on lit : *Jo. Matharom D. de Salignaco eques juriu. doctor comes Palatinus*, et au-dessus : *Médaille* de bronze de *Matheron*, ambassadeur à Rome pour les rois René et Louis XII, mort en 1495.

MAUCHART (BURCARD-DAVID), professeur ordinaire de médecine et chirurgie à Wurtemberg, né à Marbach (Haut-Rhin) le 19 avril 1696, mort à Tubingen en 1751.

1. W. D. *Major* pinx., J.-Jac. *Haid* sculp. et exc. A. V. In-fol.

2. *Sysang* sc. In-8.

MAUMONT (PIERRE-ROGER DE). V. CLÉMENT VI.

MAUREPAS ((Mme la comtesse DE), ci-devant Mlle de Roye, sœur de M. le comte de Roucy, a épousé le comte de Maurepas, fils unique de M. de M. de Pontchartrain, et reçu secrétaire d'Etat en survivance.

Chez *Bonnart*. En pied. In-fol.

MENARD DE CHOUZY (RENÉ-DIDIER-FRANÇOIS), conseiller d'Etat, contrôleur général de la maison du roi, ministre plénipotentiaire de Sa Majesté près le cercle de Franconie, reçu en 1772 associé libre de l'académie royale des sciences.

R. *Gaillard* sculp. In-fol.

MENIL (DENIS, le baron DU), ancien juge garde de la monnoye à Caen, né en cette ville le 3 juillet 1698, mort le 20 juin 1772.

In memoria æterna erit justus
Ab auditione mala non timebit.

1. N. sc. In-4. D. à g. Au bas le texte ci-décrit.

2. *Aubry* delin., Mlle L.-R. *Hemery* sculp. In-4.

MENTEL ou MENTELIN (JEAN), célèbre imprimeur, né à Strasbourg vers 1410, mort en 1478.

Michel *Rösler* sc. In-8.

MERARD DE SAINT-JUST (SIMON-PIERRE), littérateur, maître d'hôtel de Mgr le comte d'Artois, né à Paris en 1749, mort dans la même ville en 1812.

1. Mlle *Vigée* pinx., E. *Superchy* sc. In-12.

2. N. In-18. Terminé par *Lebeau* en 1788.

MERCHÉ (JEAN-CHRYSOSTOME-DONNAT), graveur, né à Lille le 16 mars 1715, mort le 29 janvier 1759.

J.-C.-F. *Merché* sc. In-8. A Lille, 1769.

MERINVILLE (CHARLES-FRANÇOIS DE MONSTIERS DE), né à Paris en 1682, nommé évêque de Chartres en 1709, sacré le 18 mars 1710, mort à Chartres le 10 mai 1746. Il fut abbé d'Igny.

1. *Crepy* sc. In-fol.

2. N. In-8. D. à dr. Dans un encadrement ovale. Les noms autour.

MÉRO (Honoré-Joseph), poëte, né à Cannes. J.-C. *Duponchel* del. et sculp. In-18.

MEYRONNET (Pierre de), prestre ; prevost de Saint-Jacques.

N. In-4. En manière noire. Il est D. à g. Au bas les titres ci-décrits.

MEZETIN (Ange-Constantin dit), acteur de la Comédie italienne.

1. Chez H. *Bonnart.* In-fol.

2. H. *Bonnart* exc. In-fol.

3. H. *Bonnart* exc. In-8.

4. *Gole* fec. et exc. In-fol.

5. Chez *Guerard.* In-fol.

6. F. *Jollain* excudit. In-fol.

7. Chez *Mariette.* In-fol.

9. F. *de Troy* pinxit. C. *Vermeulen* sculp., 1794. In-fol. major.

Tous ces portraits sont en pied.

MILLE (Antoine-Etienne), écuyer, avocat au parlement et au grand conseil, auteur de l'Abrégé chronologique de l'Histoire ecclésiastique, civile et littéraire de la Bourgogne, né à Dijon le 1er décembre 1735.

1. *Dessin* in-8, à la mine de plomb, par C.-F. *Letellier.*

Peint par *Lambert* en 1771, gravé par C.-F. *Letellier.* In-8.

MILLET (Jean), de Souvigny en Bourbonnais. N. In-fol. Sur bois. D. à dr. Dans un carré. Au bas on lit : *Vita Millœi militia.*

MILLY (Jacques de), trente-sixième grand maître de Malte, grand prieur d'Auvergne, élu grand maître en 1454, mort en 1461.

1. Ph. *Thomassinus.* In-8. De profil à g. Sur une feuille in-fol. avec Ph. de Naillac, A. Fluvianus et J. de Lastic.

2. N. In-8. De profil à dr. Copie.

3. N. En petit, Sur une feuille à 56 publiée en Italie.

4. N. In-8. De profil à g. Dans un rond. Au bas seize lignes italiennes finissant par *Cap G.*

5. L. *Cars* sculp. In-4.

MOISSET (Très-révérend père Sauvé), supérieur général de la congrégation de l'Oratoire, né à Bayonne, mort en 1790.

M. *Capet* pinx., C.-F. *Letellier* sculp. In-4.

MOIVRE (Abraham), géomètre, auteur de divers ouvrages, né à Vitry en Champagne en 1667, mort à Londres en 1754.

Jos. *Higmore* pinx. 1736, J. *Faber* fecit. In-fol.

MONCEAUX (François de), *Franciscus Moncæus,* poëte et jurisconsulte d'Arras, né dans le xvie siècle.

1. N. In-4. D. à g. Au-dessous les noms en latin et quatre vers latins commençant par *Virgilius* et finissant par *loco.*

2. N. In-8. D. à dr. Dans un encadrement ovale avec emblèmes, les noms en latin autour du médaillon, le sien latinisé par *Moncæius.*

MONSINAT (Bertrand), de Toulouse, créé général de l'ordre des minimes en 1722 par Innocent XIII.

1. Paulus Pontius Antonius *Robert de Seri* ad vivum pinxit et dicavit, Arnoldus *Van Westerhout* scul. Rom. sup. p. m. an 1723. In-fol.

2. N. In-8 oblong. D. à g. Dans un encadrement ovale, la Religion à dr. et la Charité romaine à g.

MONTAGATHE (Rrason de), littérateur, auteur de l'Uranie, des Deux Déesses, de l'Angélique, etc.

M. *Tavernier* sc. In-8. Au bas quatre vers. Ces traits sont tout divins, ces regards, cest objet.

MONTAIGU (Pierre Guérin de), treizième grand maître de Malte, maréchal des hospitaliers de Saint-Jean de Jérusalem, élu grand maître en 1206, mort en 1230.

1. Ph. *Thomassinus* sc. In-8. De profil à g. Sur une feuille avec G. Lerat, Gerin et B. de Comps.

9

2. N. In-8. De profil à dr. Copie.

3. N. En petit. Sur une feuille à 56 publiée en Italie.

4. *Cars* sculp. In-4.

MONTCALM DE SAINT-VERAN (Louis-Joseph, marquis de), lieutenant général, né au château de Candiac près de Nîmes en 1712, mort à Quebec en Canada le 14 septembre 1759, enterré aux ursulines de cette ville dans un trou fait par une bombe.

1. A. *de Lalive* sc. In-fol.

2. J.-B. *Massé* pinx., J. *Barbié* sc. In-8.

3. *Dessin.* In-4. Par *Sergent.*

4. *Sergent* del. et sculp., 1790. In-4.

5. *De la Live* del., *Landon* direx. In-12.

MONTÉGUT (Jeanne de Séglat, dame de), femme poëte, de l'académie des jeux floraux, née à Toulouse, morte dans la même ville le 17 juin 1752, âgée de quarante-deux ans.

L.-F. *Baour* scul. In-8.

MONTEYNARD (Louis-François, marquis de), lieutenant général, commandeur de l'ordre royal et militaire de Saint-Louis, ministre de la guerre de 1771 à 1774, né en Franche-Comté.

N. In-4. De profil à dr. Dans un médaillon ovale. Au bas quatre lignes de titres finissant par *guerre.*

MONTFAVEIS (Bertrand de), né à Castelnau-Rathier, diocèse de Cahors, protonotaire apostolique, puis créé cardinal en 1316, fut légat en France et en Angleterre, mort en 1343.

1. N. In-4. Dans l'Histoire des cardinaux françois de *Duchesne.*

2. N. In-8. Dans l'Histoire des cardinaux françois de l'abbé *Roy*, tome VIII.

MONTFLEURY (Jacques-Zacharie de), comédien de l'hôtel de Bourgogne, d'une famille noble d'Anjou, né au commencement du XVIIe siècle, mort au mois de décembre 1667 à Paris.

N. sc. In-4. D. à dr. Dans un encadrement octogone, enveloppé dans son manteau qui laisse voir une partie de la main gauche. Il porte collerette avec deux glands tombants. B. A.

MONTHOLON (Nicolas de), né le 6 décembre 1736, conseiller au parlement de Paris en 1761, nommé premier président du parlement de Metz en 1764, premier président du parlement de Rouen en 1774.

C.-N. *Cochin* eques del., *Nicolet* sculp. In-4.

MONTMORENCI (Charles de), duc de Damville, pair de France, chevalier des ordres du roi, lieutenant général au gouvernement de Paris et Ile-de-France, et de Bretagne en 1596, mort en 1612, à soixante-quinze ans.

N. In-4. D. à g. Au bas les titres ci-décrits forment quatre lignes.

Il était fils d'Anne de Montmorency, connétable, et de Madeleine de Savoie.

MONTMORENCY (Charles-François-Frédéric de), duc de Luxembourg, de Pinay et de Montmorency, pair, premier baron et premier chrétien de France, gouverneur de Normandie et maréchal de camp des armées du roi, fils de François-Henri de Montmorency, et de Madeleine-Charlotte-Bonne-Thérèse de Clermont-Tallard de Luxemboug, naquit le 28 février 1662. Il mourut à Paris le 4 août 1726.

1. Chez *Bonnart*, 1695. En pied. In-fol.

2. Chez *Mariette.* En pied. In-fol.

MONTSOREAU (Louis du Bouchet, comte de), lieutenant général, prévôt de l'hôtel du roi et grand prévôt de France.

N. In-fol. En pied. Pour le sacre de Louis XV. En costume de grand prévôt. Il porte le nom seul de *comte de Montsoreau.*

MONTYRAC. V. Selve.

MORE (D. Gertrude), *Magnes amoris amor.*

R. *Lochon* sulp. In-8.

MORIN (HENRI), membre de l'académie des inscriptions, né en 1665 à Saint-Pierre-sur-Dive
(Calvados), mort à Caen en 1728.

N. Petit buste portant le numéro 3. Avec huit
autres personnages. Dans une gravure in-fol.,
ayant pour titre : *Eloge des académiciens morts
depuis l'an* 1699.

MORLON (ANNE DE), fille d'Equier, Antoine de
Morlon, lieutenant de MM. les maréchaux de
France, ci-devant capitaine des gardes du corps de
Monsieur.

R. B. del., N. *Bonnart.* In-fol. Assise.

MOSTUEJOULS ou MUSFAIOLES ou MUS-
FAYOULS (RAYMOND DE), né au château de Mos-
tuejouls en Rouergue, premier évêque de Saint-
Flour, puis de Saint-Papoul, créé cardinal du titre
de Saint-Eusèbe en 1327, par le pape Jean XXII.
Il mourut en 1335.

1. N. In-4. Dans l'Histoire des cardinaux de
Duchesne.

2. N. In-8. Dans l'Histoire des cardinaux de
l'abbé *Roy.*

MOTTE GEFFRARD (JEAN-FRANÇOIS-JOSEPH DE
LA), comte de Sanois, ancien aide-major des gardes françaises.

N. In-8. D. à g. Dans une bordure ovale sur
laquelle on lit : *Calumniæ nunc victima, nunc
victor.*

MOUCHY (N.), sculpteur, professeur à l'académie de peinture et de sculpture.

Dessin grand in-fol. A la B. R.

MOYREAU (JEAN), graveur du roi, en son académie de peinture et sculpture, natif d'Orléans.

Nonnotte pinxit, 1742, J. *Moyreau* sculpsit,
1749. In-fol.

MUG ou MUGIUS A BOFFZHEIM (SÉBASTIEN),
senior, préteur de la république de Strasbourg,
âgé de soixante et un ans en 1580.

Jacob *ab Heyden* fecit. Petit in-fol.

MUG A BOFFZHEIM (SÉBASTIEN), *junior,* un des
vingt et un de l'ordre équestre de la république
de Strasbourg, mort en 1596, âgé de quarante
et un ans.

1. Jacob *ab Heyden* fecit. Petit in-fol.

2. D. *Brunn* fe. In-4.

BOFFZHEIM (SÉBASTIEN MUG A), S. F. C. N.,
quindecim reipublicæ argentora. A° cɔ ɔɔ xx,
æt. XLI.

D. *Brunn* f. In-4. 1623.

SUZANNA-MARGARETHA DE BOTZHEIM,
uxor Sebastiani Mug à Boffzheim, anno CHRI 1620,
æt. A° XXXIV.

N. In-4. D. à g. Les titres ci-décrits sur la bordure

MUROL (JEAN DE), né à Murol en Auvergne, fut
évêque de Genève et créé cardinal du titre de
Saint-Vital.

1. N. In-4. Dans l'Histoire des cardinaux françois de *Duchesne.*

MUSCULUS (WOLFFGANG), d'abord moine fran-
ciscain, ensuite hébraïsant, puis théologien protestant, né en 1497 à Dieuze en Lorraine (Meurthe),
mort à Berne le 30 août 1563.

Portraits dirigés à gauche.

1. N. In-8. Sur bois. Dans les Hommes illustres de *Théodore de Bèze.*

2. N. In-8. Sur bois. Dans un carré. Au-des-
sus on lit : *Wolfgangus Musculus | theologus.*

3. N. In-8. Dans un encadrement ovale. Au bas
on lit : *Wolfgangus Musculus.*

4. N. In-fol. Au-dessous ces deux lignes :
Wolffgang. Muscul. | theol. Bern.

5. N. In-8. Dans un ovale à claire-voie. Au
bas ces lignes : *W. Musculus | the Life of Mus-
culus, who died | A^{no} Christi* 1563.

Portraits dirigés à droite.

6. R. B. (*Robert Boissard*). In-8.

7. H. (*Hondius*) fe. In–4.

8. N. In–8. Pour le Gospel. Mag., septembre 1767.

MUSFAIOLES ou MUSFAYOULS. V. MOSTUE-JOULS.

MUYART DE VOUGLANS (Messire), conseiller au grand conseil, né à Moirans près Saint-Claude (Jura).

Lambert pinx., *Patas* sculp. In–4.

MYRON (FRANÇOIS), échevin de la ville de Paris, dont une des rues porte le nom.

N. In–32. Médaille autour de laquelle on lit :
Fr. Myron pror. et præf. urb.

N

NAILLAC (PHILIBERT DE), trente-troisième grand maître de Malte, d'abord grand prieur d'Aquitaine, élu grand maître en 1396, mort en 1421.

1. Ph. *Thomassinus*. In–8. De profil à dr. Sur une feuille, avec A. Fluvian, J. de Lastic et R. de Milly.

2. N. In–8. De profil à g. Copie.

3. N. In–8. De profil à dr. Au bas dix-neuf lignes italiennes; la dernière est formée du mot *magistero*.

4. N. En petit. Sur une feuille à 56 publiée en Italie.

5. *Flipart* sculp., *Cars* sculp. In–4.

NAVARRE (CHARLES III, roi de), dit le Noble, comte d'Evreux et de Nemours, né à Mantes en 1361, couronné à Pampelune en 1389, mort subitement le 8 septembre 1425.

N. In–8. Dans *Montfaucon*.

NEEL DE CHRISTOT (LOUIS-FRANÇOIS), né à Rouen en 1698, sacré évêque de Séez le 11 décembre 1740, abbé des abbayes de Saint-Ferréol, Dessommes et de Notre-Dame de Silli, conseiller du roi dans tous ses conseils et son conseiller d'honneur au parlement de Rouen, mort en 1775.

Aved p.; *Balechou* sc. In–fol. major.

NEMIUS (D. GASPARD), septième évêque d'An vers, archevêque duc de Cambray, mort dan cette ville en 1667.

Gerardus *Segers* pinxit, Jacobus *Neeffs* sculp sit. In–fol.

Avec titre d'évêque d'Anvers.

NEUFCHATEL (JEAN DE), né dans le comté d Neufchâtel en Suisse, successivement prieur d Saint-Père d'Abbeville, de Jouhe au comté d Bourgogne, chapelain de Notre-Dame de Mont roland près Dôle, prieur d'Arbois, chanoine d'Au tun, évêque de Nevers et de Toul, puis cardina mort le 4 octobre 1308.

1. N. In–4. Dans l'Histoire des cardinaux fran çois de *Duchesne*.

NICOD (Probablement JEAN NICOD), ambassa deur, plus connu pour avoir introduit l'usage d tabac en France, né à Nîmes en 1530, mort Paris en 1600.

N. Dans un très-petit médaillon rond. Au-de sous ces mots : *M. Nicod.*

NICODÈME. V. DOURDET.

NICOLAI (NICOLAS DE), voyageur, né en 151 à la Grave-en-Oysans en Dauphiné, mort en 158 à Soissons où il était commissaire de l'artillerie fut nommé géographe et valet de chambre du r Henri II.

N. En petit. Dans la Chronique d'*Opmeer.*

NICOLAI (JEAN), de l'ordre de Saint-Dominique né en 1594 à Monza, diocèse de Verdun, reç docteur de Sorbonne en 1632, fut professeur d théologie à Paris et prieur dans le couvent d Saint-Jacques, où il mourut en 1673. Il est au teur de divers ouvrages.

Jac. *Lubin* sculp. In–fol. B. de Ste-G.

NICOLAS II (GÉRARD DE BOURGOGNE OU LE BOUR GUIGNON), né en Bourgogne, fut nommé cardina évêque de Florence, puis élu pape en 1059 mort en 1061.

1. N. In-8. Dans *Cavalleriis*.

2. N. In-12. Sur bois. Pour l'Histoire des papes de *Duchesne*.

3. N. In-4. Dans l'Histoire des cardinaux françois de *Duchesne*.

4. N. In-8. Dans l'Histoire des papes de l'abbé *Novaes*. .

NICOLAS (N.), soixante-seizième abbé de Saint-Amand, æt. 83, A° 1624.

Gaspar *Huberti* sc. In-fol.

NIVELLE (Gabriel-Nicolas), prêtre du diocèse de Paris, prieur de Saint-Géréon, né le 18 février 1687, mort le 6 janvier 1761.

N. In-fol. D. à dr. Au bas trois versets de l'Ecclésiastique, cités en latin et en français.

NONANT (Pomponne François, chevalier, marquis DE), chevalier de l'ordre du roi, fait en 1641 lieutenant pour le roi au gouvernement des bailliages d'Alençon et d'Evreux, mort en son château de Beauménil le 31 août 1654, âgé de vingt ans.

Roussel sc. In-fol. D. à g. Dans une bordure ovale. Dans chaque angle, un chiffre formé des lettres P.F.C.L.

O

OLIGNY (Mlle D').

Peint par M. *Vanloo*, gravé par J.-J. *Huber*, d'Augsbourg. In-fol. Au bas ces vers :

Pour rendre plus touchants l'amour et la nature,
D'Oligny leur prêta ses accents séducteurs.
Elle fut toujours vraie, intéressante et pure,
Et mérita l'estime en gagnant tous les cœurs.

OPPENORT (Gilles-Marie), écuyer, directeur général des bâtiments et jardins de S. A. R. M. le duc d'Orléans, régent du royaume, né à Paris en 1672, mort dans la même ville en 1742. ....

G.-M. *Oppenort* inv., *Huquier* sculpsit. In-fol. Avec attributs.

ORANGE (Philibert de Challon, prince D'), né en 1502 au château de Nozeroy (Jura), tué en 1530 devant Florence, dont il faisait le siége.

N. In-fol. A cheval. D. à dr. Ce portrait est à la B. R., et n'est pas complet.

MAISON D'ORLÉANS.

ORLÉANS-ANGOULÊME.

ORLÉANS (Marguerite D'), comtesse de Vertus en Champagne, fille de Louis de France, duc d'Orléans et de Valentine de Milan, née en 1406, mariée à Richard de Bretagne, comte d'Etampes, de Vertus et de Benon, etc., morte le 24 avril 1466 à l'abbaye de la Guiche, où elle s'était retirée. Elle y est enterrée.

N. In-8. Dans *Montfaucon*.

ORLÉANS (Charles de France, duc D'), de Bourbon, d'Angoulême et de Châtellerault, comte de Clermont en Beauvoisis et de la Marche, pair et chambrier de France, gouverneur de Champagne et de Brie, fils de François Ier et de Claude de France, né à Saint-Germain en Laye le 22 janvier 1522, mort dans l'abbaye de Foresmentier près Abbeville le 9 septembre 1545.

1. N. En petit. Dans le Promptuaire des médailles de Guillaume *Rouillé*.

2. N. In-8. Dans *Montfaucon*.

ORLÉANS-LONGUEVILLE.

ORLÉANS (Rénée D'), comtesse de Dunois, de Tancarville et de Montgomery, fille de François Ier, d'Orléans-Longueville et d'Agnès de Savoie, morte à Paris le 23 mai 1515 âgée de sept ans, enterrée aux Célestins.

N. In-8. Sur son tombeau, Antiquités de Paris.

ORLÉANS (Henri Ier D'), duc de Longueville et d'Estouteville, souverain de Neufchâtel et de Vallangin en Suisse, comte de Dunois et de Tancarville, gouverneur général pour le roi en Picardie, mort à Amiens le 29 avril 1595, d'un coup de mousquet tiré dans la réception qu'on lui fit à Doullens, enterré à Châteaudun, dans la chapelle, et son cœur aux Célestins de Paris.

1. L. *Gaultier* incidit. In–4. Au bas ces vers :

Le peintre qui vouloit de deux crayons divers,
Imitant vos vertus, monstre votre nature,
Traça Mars et Pallas d'une seule peinture,
Et choisit pour son champ tout ce vaste univers.

2. M. *Prieur* pictor du roi fe. In–4. Au bas ces vers :

L'œil qui ce prince voit soudain l'aime et l'admire,
Voyant son front couvert de telle majesté,
Que s'il n'est son subject lors d'une humilité,
Le vient lui souhaitant comme à César l'empire.

Dans l'angle gauche du haut de ces deux portraits on voit les armes de la maison de Longueville, et dans celui de droite celles de la maison d'Hochberg.

3. N. In–8. Dans *Montfaucon*.

DERNIERS DUCS D'ORLÉANS

ISSUS DE LA BRANCHE ROYALE DE BOURBON.

ORLEANS (LOUIS-PHILIPPE-JOSEPH, duc D'), d'abord duc de Chartres, ensuite duc d'Orléans, puis surnommé Egalité, né à Saint-Cloud le 13 avril 1747, marié le 5 avril 1769, nommé lieutenant général des armées navales en 1777, colonel général des hussards en 1778, député de Crépy en Valois en 1789, et à la convention en 1792, condamné à mort par le tribunal révolutionnaire, décapité à Paris le 6 novembre 1793.

Portraits avec titre de duc de Chartres.

1. L.-C. *Carmontelle* sc., 1759. In fol. Avec son père, qui est assis sur un fauteuil. Il est sur le premier plan, la cuisse droite appuyée sur le bras du fauteuil, la jambe pendante.

2. N. In–8. Dans un ovale à claire-voie. Au bas deux lignes finissant par 1747.

3. Ang. *Kauffmann* pinx., Romæ, 1783, S. *d'Agincourt* sc. In–8.

4. Dessiné et gravé par *Chevillet*. In-fol.

5. Gravé par *Hubert*. In–4.

6. Dessiné par *Monet* et gravé par P.-P. *Chof- fard*. Petit médaillon. Sur une feuille in-fol. Pou la loge des Neuf-Sœurs.

7. *Patas* sc. In–8. En pied. Pour le sacre de Louis XVI. Il représente et on lit au bas : *Ha- billement* | *du pair comte de Toulouse.*

8. *Robin de Montigny* fecit. In-fol. A cheval

DUC D'ORLÉANS.

Portraits dirigés à droite, costume civil.

9. Chez *Bergny*. In–8.

10. F. *Bonneville* del. Sculp. In–8.

11. N. In–8. Dans un carré. Au bas quatre lignes finissant par *an* II.

12. N. In–8. Dans une bordure ovale. Au bas quatre lignes finissant par 1747.

13. N. In–8. Au bas trois lignes finissant par *Valois*.

14. N. In–12. Au-dessous une vignette, et plus bas, L.-P.-J. *d'Orléans*.

15. N. In–12. Dans un rond. Au bas deux lignes allemandes finissant par *Orléans*.

16. *Ligbert* sc. In–12.

17. Chez *Legrand*. In–18.

18. Chez *Basset*. In–4.

19. Dessiné et gravé par *Dubucour*. In–4.

20. Zu finden bey den gebrüder *Klauber*. In-4

21. J. *Sergent* excudit. In–4. Suite de *Leva- chez*. Ce portrait a subi trois changements.

22. *Levachez,* et vignette par *Duplessis-Ber- taux*. In-fol.

Dirigé à droite. En costume de hussard.

23. Chez *Bergny*. In–8.

24. *Couché* fils dir., *Prudon* sculp. In–8.

25. Chez *Legrand*. In–8.

26. N. In–12. Au pointillé. De profil. Dans un rond.

27. Chez *Levachez*. In-18.

28. N. In-18. Au-dessous on lit : *Le duc d'Orléans*.

Dirigé à gauche. En costume civil.

29. Chez *Basset*. In-8.

30. Chez *Chereau*. In-8.

31. *Labadye* del., *Courbe* sc. In-8. *Dejabin*.

32. N. In-8. Dans un ovale. Au bas cinq lignes finissant par *patrie*.

33. *Vérité* sc. In-8.

33. G. T. In-12.

34. Chez *Villeneuve*. In-12. De profil.

35. *Denon* sc. In-18. De profil.

Dirigé à gauche. Pour un jeu de cartes,

36. En roi de pique, sur lequel on lit : *Philipe Pique*. In-8.

Dirigé à gauche. En costume de hussard.

37. Al. *Massard* sculp. 1824. In-8.

38. Eau-forte. In-8. Pour la Biographie des contemporains.

39. *Reynolds* pinx., *Landon* direx. In-12.

40. *Mauzaisse*. Lith. In-fol.

Avec nom d'Egalité.

41. *Frilley* del., *Soliman* sculp. In-8.

42. N. In-8. Lith. de *Deshayes*.

43. C. *Traviès*. Lith. In-fol.

Assis ou en pied. En costume civil.

44. N. In-8. D. à dr. Au bas *Louis-Philippe-Joseph | duc d'Orléans*.

45. N. En petit. Dans un rond. On lit dans le haut : *Je suis citoyen*.

46. Chez *Basset*. In-4.

47. Chez *Chereau*. In-4.

48. N. In-4. D. à dr. Au bas : *Je suis citoyen*.

49. N. *Cosway* R.-A. pinx., G. *Hadfield* sculp. In-fol.

50. Gravé par *Laderer*. In-fol.

51. N. Petit in-fol. D. à g. Au bas : *Philippe Pique*.

52. A. *Lacauchie*. Lith. in-4. Assis.

53. *Suzanne* C. C. sculp., 1788. In-fol. Assis. Sujet.

En pied. En costume de hussard.

54. Painted by sᵣ Joshua *Reynolds* p. R. A., engraved by J.-R. *Smith*. In-fol. major.

Avec divers.

55. Chez les marchands de nouveautés. Sur une feuille in-18, avec Louis XVI et Marie-Antoinette.

Louise-Marie-Adélaide de Bourbon-Penthièvre, femme du précédent, née le 13 mars 1753, morte à Yvri-sur-Seine le 23 juin 1821.

Portraits étant duchesse de Chartres.

1. N. In-8. De trois quarts. Dans un médaillon ovale à claire-voie, à coins teintés. Au bas deux lignes finissant par 1753.

2. Dessiné par *Leclerc*, gravé par *Lebeau*. In-4.

Portraits étant duchesse d'Orléans.

3. *Dumeray* pinx., *Mecou* sculp. In-fol.

David pinx., *Robert* sculp. In-fol. Ce portrait passe pour être celui de Mᵐᵉ David.

5. N. Eau-forte. In-8. Dans le Nécrologe de *Mahul*.

6. Dessiné et gravé par C.-M. *Dien*. Au lieu du nom on lit : *Je veux que le dixième de mon revenu*, etc.

7. N. Lith. In-4. D'après Mᵐᵉ *Dumeray*. Ovale à claire-voie.

8. Peint par *Duplessis*, gravé par B.-L. *Henriquez*. In-fol. oblong.

9. N. In-18. En pied. Dans un carré. D. à dr. Au bas : *Mᵐᵉ la duchesse douairière d'Orléans*.

OUBREL (François).

N. In-8. D. à g. Au-dessous on lit :

Humilitatis abscundar in umbra.

Et plus bas ces quatre lignes :

Le portrait du vénérable François OUBREL, curé de la paroisse de Péronne et théologal de l'église collégiale de Saint-Furcy de la même ville, décédé en odeur de sainteté, le dernier jour d'avril l'an 1650, âgé de 44 ans.

OUDOT (M. ou Mme), libraire.

N. In-12. Sur bois. Dans un carré à claire-voie. D. à g. Elle tient un livre. Au bas ces vers :

Vois dans les traits que tu contemples,
Un imprimeur loyal et sans ambition.
A tes pareils, Oudot, tu serviras d'exemples.
Un imprimeur doit faire impression.

Portrait caricature.

P

PAGNAC (MAURICE DE), commandeur de Malte, fut élu grand maître pendant que Foulques Villaret l'était encore. Il mourut à Montpellier avant d'avoir été reconnu par tout l'ordre, et avant d'avoir pris possession de sa charge.

1. Ph. *Thomassinus* sc. In-8. Sur une feuille avec H. de Villeneuve, D. de Gozon et P. Cornilian.

2. N. In-8. Copie à g.

3. N. En petit. Sur une feuille à 56 publiée en Italie.

4. *Cars* sculp. In-4.

PAOLI (PASCAL), général corse, né en 1726 au village de la Stretta, mort en 1807 dans les environs de Londres.

Portraits dirigés à gauche.

1. Henri *Kobel* fe., 1768. In-4. St *Cruys* exc.

2. Sam. *Cruys* exc. In-4.

3. N. In-8. Dans un carré. Regarde de face. Au bas on lit : *Pascal de Paoli, général des Corses,* et sur un ruban : *Pro patria.*

4. C.-F. Fr. fecit, G. *Bom* excudit, 1769. In-8.

5. Publié le 6 avril 1769, par M. *Darly*. In-8.

Dans ces cinq numéros il est coiffé d'un chapeau.

6. L. *de Montagnac* del., J.-E. *Nilson* fec. et excud., Aug. V. In-4.

7. S. *Miller* fec. In-8.

8. Peint en Italie par *Valentini*. In-8.

9. Peint à Paris, l'an second de la liberté, par Mⁱⁿ *Drolling,* gravé même année par B.-L. *Henriquez*. In-fol.

10. *Bertonnier* sc., 1828. In-18, pour l'Iconographie instructive.

11. In-18. Dans la France pittoresque.

12. En petit. Dans la carte du département de la Corse, publiée rue Saint-Jacques.

13. *Mauzaisse,* 1827. Lith. In-fol.

Portraits dirigés à droite.

14. *Demarcenay* del. et sc. In-12.

15. Henri *Bambride* del., J. *Smith* fecit, 1769. In-8.

16. R. *Cosway* R. A. del., engraved by Charles *Townley,* 1784. In-8.

17. Rein. *Vinkeles* delin et sculp., 1789, Amst. In-8.

18. F. *Bonneville* del. In-8.

19. A Paris, chez *Desnos*. In-4.

20. Publié en 1793, chez *Croby*. In-8.

21. *Bembridge* p., *Miller* sc. In-8.

22. Miss *Jones* pinxit, H. R. *Cook* s^t, 1807. In-8.

23. Geo. *Dance* del., W^{am} *Daniel* fecit, 1809. In-fol.

24. In-8. Biog. des contemporains, tome 16.

25. T. *Dale* sculp., 1820. In-8. Il porte chapeau.

Portraits en pied.

26. Henry *Bembridge* pinxit, 1768, C.-A. *Bowles* excud., 1769. In-fol.

27. Publié en 1770 par W. *Darling*. In-18. Il tient son chapeau à la main.

28. N. In-4. D. à dr. Au bas : *Pascal Paoli | général des Corses |* en habillement militaire de sa nation.

LISTE DES PAPES

PAPILLON DE LA FERTÉ (DENIS-PIERRE-JEAN), écuyer intendant et contrôleur de l'argenterie, etc., né à Châlons-sur-Marne en 1727, mort sur l'échafaud révolutionnaire en 1794, âgé de soixante-sept ans.

7. M. *Moreau* le jeune del. et fecit, 1770. In-4. *Rare.*

PARRENIN (Le P. DOMINIQUE), de la société de Jésus, né en Franche-Comté, missionnaire en Chine, mort à Pékin le 29 septembre 1741.

Pinxit F. *Attiret,* sc. N. *Ransonnette.* In-8.

PATIN (GABRIELE-CAROLINE), de l'académie de Ricovrati, fille de Charles Patin et de Madeleine de Hommetz.

1. N. In-8. D. à g. Tirée de *Sandrart.*

2. Susanna Maria Jacobi *Sandrarti* filia effigiem fecit, A° 1682. In-4.

3. Susanna Maria Jacobi *Sandrarti* filia fecit. In-fol. D. à dr.

4. N. In-8. D. à dr. Dans un médaillon ovale. Les noms autour.

PAULE (ANTOINE DE), cinquante-cinquième grand maître de Malte, prieur de Saint-Gilles, élu grand maître en 1623.

1. N. En petit. Sur une feuille à 56 publiée en Italie.

2. N. In-8. De trois quarts à g. Au bas dix-huit lignes italiennes finissant par *anni.*

3. *Cars* sc. In.-4.

PELLETIER DES FORTS (MICHEL-ROBERT LE), contrôleur général des finances de 1726 à 1730.

N. In-fol. En pied. Pour le sacre de Louis XV. En costume de *conseiller d'Etat* assistant.

PELLETIER DE SAINT-FARGEAU (MICHEL-ETIENNE LE), nommé président en la grand'chambre le 23 août 1764.

Y. *Alexandre* pinxit, Car. *Gaucher* direxit. In-fol.

PELLETIER (J.-A.), peintre de portraits.

1. Peint par lui-même, gravé par son ami *Duponchel.* In-fol.

2. N. Copie du précédent. In-8.

PELLICAN (CONRAD KURSCHNER, plus connu sous le nom de), fut cordelier et ensuite ministre luthérien, né en 1478 à Ruffach en Alsace, mort à Zurich en 1555.

1. Henri *Hondius* exc. In-4.

2. N. In-4. D. Au bas ces deux lignes :
   Conradus Pellicanus | theologus Tigurinus.

3. R. B. (*Robert Boissard*). In-8.

4. N. In-8. Sur bois. D. à g. Au haut ses noms et titres en deux lignes. Au bas deux vers latins, le premier mot est : *Quam.*

5. N. En petit. D. à g. Au bas ces deux lignes :
   Conradus Pellican. | theol. Tigurinus.

10

6. N. In-8. Sur bois. D. à g. Au-dessus ses noms et titres en allemand. Au bas quatre vers allemands, plus cette ligne : *Starbim jar.* 1555.

PENHOET. V. ROHAN.

PERCENET (L.-N.), architécte.

L.-R. *Trinquesse* delineavit, L.-S. *Lempereur* sculpsit. In-4.

PERICARD (NICOLAS), chanoine régulier.

P. H. f. In-4.

PERNETTI (JACQUES), chevalier de l'église de Lyon, de l'académie de cette ville et de Villefranche, né en 1696, mort à quatre-vingt-un ans sur la paroisse Saint-Roch.

Liotard pinx., *Tilliard* sculp. In-4. Avec inscription sur la bordure et une épigraphe sur la tablette; après sa mort ses noms et titres ont remplacé l'épigraphe, et l'on a effacé l'inscription sur la bordure.

PERONEAU (J.-B.), de l'académie royale de peinture et sculpture.

C.-N. *Cochin* f. delin., B.-A. *Nicolet* sculp. In-4.

PERRIÈRE (GUILLAUME DE LA), Tolosain, auteur de la Morosophie, contenant cent emblèmes moraux avec autant de figures en bois (1553).

N. In-8. Sur bois. Bordure cintrée dans un carré. Il est D. à dr., tient une paire de ciseaux dans la main dr., à g. en dehors du cintre on lit : AN. et à dr. LII. *rare.*

PETIT (ANTOINE), docteur régent et ancien professeur de la faculté de médecine, membre de l'académie royale des sciences , etc., né en 1718 à Orléans, mort au village d'Olivet en 1794.

1. G. *Benoist* del. et sculp. Grand in-fol.

2. Dessiné et gravé par *Macret* en 1775.

3. *Desrais* del., *Lebeau* sc. In-4.

4. Dessiné d'après *Desrais*, gravé par Ambroise *Tardieu*. In-8.

5. N. In-8. Publié par *Panckouke.*

6. Dessiné par Ch.-N. *Cochin*, gravé par Mme *Lingée*. In-4.

7. J. *Boilly* del., *Geille* sculp. In-8. Sur un feuille avec Corvisart. Pour les Hommes utiles.

PETRUS *Arlensis de Scudalupis.* V. ARLENSIS

PFEFFINGER (JEAN-FRÉDÉRIC), de Strasbourg inspecteur et professeur à l'académie équestre d Lunébourg.

1. C. *Fritsch* sculp. 1731. In-8.

2. N. In-8. Ovale dans une bordure cintrée d quatre côtés et avec ornements. Il est D. à dr. A bas trois lignes finissant par : *publicus.*

3. N. In-8. Dans un carré. D. à dr. Au ba quatre lignes finissant par : *publicus.*

4. J.-G. *Menzel* sc. Lips. In-4.

PFIFFER (LOUIS), seigneur de Vyher, chevalie de l'ordre de Saint-Louis, lieutenant général de armées du roi, auteur d'un plan en relief de la Suisse, né à Lucerne en 1716.

J.-E. *Haid* sculp. A. V. 1775. In-4.

PHILIP (JOSEPH), docteur régent et ancie doyen de la faculté de médecine de Paris.

Dessiné et gravé par S.-C. *Miger*. In-4.

PIBRAC (EGIDE DE BERTRAND), écuyer, chevalie de l'ordre du roi, directeur de l'académie royale de chirurgie, premier chirurgien de feu la reine d'Espagne, et chirurgien-major de l'école royale militaire.

Dessiné par *Lemonnier*, gravé par J. *Marchand*, 1770. In-4.

PICARD (M.), protonotaire du saint-siège, âgé de soixante-trois ans.

Le graveur a bien fait qui sur un peu de cuivre
L'a buriné au vif; mais, s'il avoit donné
La parole à l'image et le pouvoir de vivre,
Il auroit et les anges et les hommes estonné.

Goyrand, à Rome, 1646. In-4.

PICAULT (ROBERT), restaurateur de tableaux , né à Paris le 7 octobre 1705.

Dessiné et gravé par J.-A. *Chevalier.*

Les noms seuls de Zeuxis passent d'âges en âges,
Les siècles ont détruit leurs superbes ouvrages :

Mais le temps ne peut rien sur ceux des Raphaëls,
Picault a trouvé le moyen de les rendre immortels.

PINEAU (D.), sculpteur.

Merelle filius p., J.-M. *Moreau* le jeune sc.,
1770. In-12.

PINS (Odon de), vingt-deuxième grand maître
de Malte, né en Languedoc, élu en 1294, mort
en 1296.

1. Ph. *Thomassinus* sc. In-8. De profil à g.
Sur une feuille, avec J. de Villiers, Guillaume et
Foulque de Villaret.

2. N. In-8. Copie. De profil à dr.

3. N. En petit. Sur une feuille à 56 publiée en
Italie.

4. N. sc. In-8. De profil à dr. Dans un cercle.
Au bas treize lignes italiennes : *gistero* forme la
dernière.

5. *Cars* sculp. In-4.

PINS (Roger de), vingt-huitième grand maître
de Malte, parent du précédent, né en Languedoc,
élu grand maître en 1355, mort en 1365.

1. Ph. *Thomassinus* sc. In-8. De profil à dr.
Sur une feuille, avec R. Berenger, R. de Juliac et
F. de Heredia.

2. N. sc. In-8. De profil à g. Copie.

3. En petit. Sur une feuille à 56 publiée en
Italie.

4. N. In-8 de trois quarts à dr. Dans un cercle.
Au bas dix-sept lignes italiennes finissant par :
di mag.

5. *Cars* sculp. In-4.

PINS (Jean de), né en Languedoc vers 1470,
fut nommé abbé commendataire de l'abbaye de
Moissac, conseiller clerc au parlement de Toulouse, sénateur de Milan, ambassadeur à Venise,
puis à Rome, nommé évêque de Pamiers en
1520, de Rieux en 1523. Il mourut à Toulouse
au couvent des grands Carmes, le 1er novembre
1537.

F. *Baour* sculp. In-8.

PISCATOR (Jean), *Fischer*, théologien, auteur
de divers ouvrages de théologie, né à Strasbourg
le 27 mars 1546, mort à Herborn le 26 juillet
1625.

1. N. In-8. Assis. D. à dr. Il tient un livre
dans la main droite.

2. Paul *de Zeller* sculp. Petit in-fol.

PLUMIER (Charles), religieux minime, naturaliste, né à Marseille le 20 avril 1646, mort en
1704 à Saint-Marie près Cadix, dans un couvent
de son ordre.

N. In-8. Dans l'Histoire des philosophes modernes de *Saverien*, Paris, Vᵉ *François*, 1773.

POIGNANT (Jean), président au parlement de
Saint-Mihiel en 1584.

W. (*Woeiriot*) sc. In-18. Dans une bordure
ronde. Les noms et les titres sur la bordure.

POINSINET (Antoine-Alexandre-Henri), auteur
dramatique, né à Fontainebleau en 1735, se noya
en 1769 en Espagne, dans le Guadalquivir.

N. sc. In-18.

POISSEY (Marie de).

N. Eau-forte in-12. Elle tient un livre dans ses
mains.

POISSONNIER (Pierre-Isaac), médecin et chi-
miste célèbre, auteur d'un grand nombre d'ouvrages, né à Dijon en 1720, mort à Paris en 1798.

Peronneau pinxit, 1755, G.-P. *Benoist* sculp.,
1774. In-fol.

POMMAIROL (Jean de), magistrat, né dans le
département de l'Aveyron, était lieutenant cri-
minel à Villefranche en 1646, lorsque la peste
désola cette ville.

Lorieux sc. In-8.

POMMYER (M. l'abbé), conseiller en la grand'
chambre du parlement, membre honoraire de
l'académie de peinture et sculpture.

1. C.-N. *Cochin* filius del., 1769, Aug. *de
Saint-Aubin* sculp. In-4.

2. C. C. delin., *Demarteau* l'aîné sc. In-fol.

En habit de paysan, coiffé d'un chapeau à trois cornes, tient sa canne de la main droite. Il est assis. D. à g.

POMPONNE (Mme la marquise DE).

Chez *Bonnart*. En pied. In-fol.

PORTAL (N.), peintre.

Fredoux del., 1757. Tête de trois quarts. *Dessin* aux trois crayons. A la B. R.

PORTUGAL (ISABELLE DE), fille de Jean Ier, roi de Portugal, troisième femme de Philippe le Bon, duc de Bourgogne, qu'elle épousa à Bruges le 10 janvier 1429, morte le 17 décembre 1471 ou 1472, enterrée aux Chartreux de Dijon.

1. N. In-8. En pied. Dans Montfaucon.

2. *Massard* del. et sculp. In-8. En pied. Dans les Costumes françois de *de Clugny*.

PORTUGAL. V. SAVOIE.

PRIE (AGNÈS BERTHELOT DE PLÉNEUF, marquise DE), fille d'Etienne Berthelot, directeur général de l'artillerie, et d'Agnès de Rioult de Douilly, mariée le 27 décembre 1713 à Louis de Prie, chevalier des ordres du roi, lieutenant général de la province de Languedoc, ci-devant ambassadeur en Sardaigne, morte le 7 octobre 1727 dans son château de Courbepine en Normandie, âgée de 29 ans. Elle était dame de la reine en 1725.

1. *Vanloo* pinx., *Chereau* le jeune sculp. In-fol. D. à dr. Elle a sur l'index de la main droite un serin à qui elle apprend à parler. Au bas ces huit vers.

> Sur votre belle main ce captif enchanté,
> De l'aile méprisant le secours et l'usage,
> Content de badiner, de pousser son ramage,
> N'a pas pour être heureux besoin de liberté.
> Le cœur né libre, Iris, n'a plus chère envie,
> Que d'attendre au plus tôt le temps de s'engager.
> Est-il coulé, ce temps si doux, mais trop léger ?
> Ah! que la liberté nous pèse dans la vie!

2. Chez *Crepy* fils. In-4. En sens opposé avec les quatre premiers seulement du numéro précédent.

COMTES DE PROVENCE.

Les portraits indiqués M. F. ou M. *Frosne* sont gravés pour l'Histoire des *comtes de Provence*, par Antoine *de Ruffi*, Aix, Jean *Roize*, 1655. Les portraits indiqués dans une bordure cintrée sont à la B. R.; ils paraissent faire partie d'une seule planche, d'où ils ont été coupés ainsi que le texte qui y est joint, pour être classés avec ceux par M. F., à l'ordre chronologique.

BOSON Ier, premier comte de Provence, régna vingt et un ans; il mourut à Marseille en 944.

1. M. *Frosne* fecit. In-8.

2. N. In-8. Dans une bordure cintrée.

BOSON II, deuxième comte de Provence, succéda à son père en 944. Il mourut en 971.

N. In-8. Dans une bordure cintrée.

GUILLAUME Ier, troisième comte de Provence, succéda à Boson II en 971. Il mourut en 992.

1. M. F. f. In-8.

2. N. In-8. Dans une bordure cintrée.

GUILLAUME II, quatrième comte de Provence, mort au monastère de Montmajour l'an 1020.

M. F. f. In-8.

ADELLE, aïeule de Guillaume III, régente de ses Etats pendant son bas âge.

M. F. f. In-8.

GUILLAUME III, dit GUILLAUME BERTRAND, cinquième comte de Provence, régna trente-six ans. Il mourut l'an 1054.

N. In-8. Dans une bordure cintrée.

GEOFFROY ou LEOFFROY, sixième comte de Provence, mort à Arles l'an 1063.

1. M. F. f. In-8.

2. N. In-8. Dans une bordure cintrée.

BERTRAND, septième comte de Provence, régna vingt-sept ans. Il mourut aux environs de Tarascon l'an 1090.

1. M. F. f. In-8.

2. N. In-8. Dans une bordure cintrée.

GILBERT, huitième comte de Provence, et Tiburce sa femme. Il régna douze ans, et mourut en 1102.

1. M. F. f. In-8. Avec Tiburce sa femme.

2. N. In-8. Dans une bordure cintrée.

SECONDE RACE.

RAIMOND BÉRENGER Ier, comte de Barcelone, neuvième comte de Provence, entra dans l'ordre des templiers. Il mourut à Barcelone l'an 1131, après un règne de vingt-neuf ans.

1. M. F. f. In-8.

2. N. In-8. Dans une bordure cintrée.

RAIMOND BÉRENGER II, dixième comte de Provence. Il mourut dans le monastère de Toronos, en 1146, après un règne de quatorze ans.

M. *Frosne* sc. In-8.

2. N. In-8. Dans une bordure cintrée.

RAIMOND BÉRENGER III dit LE JEUNE, onzième comte de Provence, régna vingt ans. Il mourut en 1166.

1. M. F. f. In-8. Il est en pied.

2. N. In-8. Dans une bordure cintrée.

ILDEFONS Ier ou ALPHONSE, roi d'Aragon, marquis et douzième comte de Provence, régna trente ans. Il mourut à Perpignan l'an 1196.

1. M. F. f. In-8.

2. N. In-8. Dans une bordure cintrée.

SANCE, comte de Provence.

M. F. f. In-8.

HUNO, fils de Sance, comte de Provence.

M. F. f. In-8.

ILDEFONS ou ALPHONSE, régna quatorze ans. Il mourut à Palerme en 1209.

1. M. F. fc. In-8.

2. N. In-8. Dans une bordure cintrée.

RAIMOND BÉRENGER IV, dernier de ce nom, comte de Provence, régna trente-six ans. Il mourut à Aix en 1245.

1. M. F. f. In-8.

2. N. In-8. Dans une bordure cintrée.

CHARLES Ier, roi de Naples et comte de Provence, et Béatrice, comtesse de Provence.

M. F. f. In-8. Sur une feuille avec Béatrice.

CHARLES II, roi de Naples, comte de Provence.

M. F. f. In-8.

ROBERT, roi de Naples, comte de Provence.

1. M. F. fc. In-8.

2. N. In-4. Sur bois. D. à dr. *Ruberto*.

JEANNE, reine de Naples, comtesse de Provence.

1. M. F. f. In-8.

2. Dessiné et gravé par *Allais*. In-4.

LOUIS Ier, roi de Naples, comte de Provence, et Marie de Blois, comtesse de Provence.

M. F. f. In-8. Avec Marie de Blois.

LOUIS II, roi de Naples, comte de Provence.

1. M. F. f. In-8.

2. N. In-4. Gravé sur un pastel de son temps.

LOUIS III, roi de Naples, comte de Provence.

M. F. f. In-8.

RENÉ D'ANJOU, roi de Naples, comte de Provence.

M. F. f. In-8.

CHARLES DU MAINE, roi de Naples, comte de Provence.

M. F. f. In-8.

PUIVERT. V. Puyvert.

PUPIL (Messire Barthélemy-Jean-Claude), chevalier, seigneur de Myons et autres lieux, conseiller du roi en ses conseils, premier président en la cour des monnaies, sénéchaussée et présidial de Lyon, et lieutenant général en ladite sénéchaussée et présidial.

Grandon pinx., J. *Tardieu* sculp. In-4.

PUYANNE (Pierre-Arnaud de), abbé de Saint-Sever en Gascogne, et de Sainte-Croix de Bordeaux, créé cardinal en 1305 par Clément V, mort en 1306.

1. Et. *Pic.* s. In-4. Dans l'Histoire des cardinaux de *Duchesne*.

2. N. In-8. Dans l'Histoire des cardinaux de l'abbé *Roy*.

PUYVERT (Silvestre-Jean-François de Roux, marquis de), président au parlement de Toulouse, né le 25 mars 1714.

1. *Dessin* in-4, au crayon rouge.

2. Gravé par *Lavalée*. In-fol.

Q

QUESNEL (Nicolas), originaire d'Ecosse, deuxième fils de Pierre et de Madeleine Digby. *Dessin* in-8. A la B. R.

QUINQUET (P.-Sébastien), né à Soissons, élu général de l'ordre des minimes à Marseille, en 1667.

N. In-8. D. à g. Au-dessous ces trois lignes :

P. Sebastianvs Qvinqvet Gallus
Suessionensis Prouin^æ Paris^{is} Electus
Massiliæ 1667.

QUINSON (N.), fou qui vivait à Versailles du temps du cardinal Fleury. Il se faisait appeler le cardinal laïque.

N. sc. In-4. En pied. Dans un carré à claire-voie. D. à dr. Il porte épée. Il a son chapeau sous le bras gauche, le bras droit et la main gauche éloignés du corps. B. A.

R

RABIQUEAU (N.), physicien et mécanicien, auteur de diverses inventions, dont une lampe qui porta son nom.

Naudin pinx., *Poletnich* sculpsit. In-8.

RADULPHE, moine de Saint-Waast d'Arras.

N. In-12. Dans un carré. Il est D. à g. Assis, écrivant. On le trouve dans le Voyage littéraire de deux bénédictins, Paris, 1724.

RAGONDE, personnage de théâtre, joué par l'acteur Cuvillier dans les Amours de Ragonde, comédie lyrique.

1. Chez *Berey*. En pied. In-fol.

2. Chez *Bonnart*. En pied. In-fol.

3. Chez J. *Mariette*. En pied. In-fol.

4. Chez *Trouvain*. En pied. In-fol.

RAISIN (Mlle), actrice de la Comédie française, en habit de fée.

Chez *Berey*. En pied. In-fol.

Françoise PITEL DE LONGCHAMP, femme de J.-B. Raisin, comédienne française, née en 1662, s'est retirée en 1701, est morte en septembre 1712.

RAPHELENG ou RAVLENGHIEN (François), savant orientaliste, gendre du célèbre imprimeur Christophe Plantin, avec qui il s'occupa d'imprimerie, né en 1539 à Lannoy près de Lille, mort à Leipzig, où il était professeur d'hébreu et d'arabe à l'université de cette ville.

1. N. In-8. Dans *Meursius*.

2. N. En petit. Au bas ces deux lignes : Franciscus Raphelengius. | *hebrææ ling. prof. Lugd. Bata.*

3. N. In-8. D. à dr. Dans un médaillon ovale. Les noms en latin autour. Au bas deux lignes; la première commence par : *Quo Deus.*

4. N. In-8. D. à dr. Au-dessus cette ligne : *Franciscus Raphelengius*, et au bas ces deux-ci : *Franciscus Raphelengius | hebrææarum litterarum prof.*

5. N. In-8. De la Collection de *Rothscholtz*, imprimé dans un passe-partout qui rend le format in-fol.

6. *De Larmessin*. In-4.

RAUCOURT (Françoise-Antoinette-Marie Saucerotte de), de la Comédie française, née à Paris le 3 mars 1756, débuta le 23 décembre 1772, fut reçue le 23 mars 1773. Elle mourut à Paris en 1815; le curé de Saint-Roch refusa l'entrée du corps à l'église.

1. Chez *Crepy*. In-fol.

2. J. H. E. inv., S. *Freudeberg* effigiem, J.-M. *Moreau* ornam. delin., Car.-L. *Lingée* sc. In-fol.

3. N. In-4. Copie du précédent. D. à dr. Au bas sept vers qui commencent par *L'amour* et finissent par *la nature.*

4. N. In-4. Avec les mêmes vers, paraît être la planche réduite.

5. Gravé par *Lebeau.* In-4.

6. Dessiné d'après nature et gravé par C.-N. *Malapeau.* In-fol.

7. *Ruotte* sculp. In-fol.

8. *Romance* pinx., *Fremy* del. et sculp. In-8.

9. *Deveria* del., *Couché* fils direx., Ch. *Mauduit* sculp. In-8.

10. *Deveria* del., *Touzé* sc. Assise. In-8.

11. N. In-4. En pied. Rôle de Médée. Au bas :

Hécate le désire et je te le commande.

12. H. L. Lith. En pied. In-fol.

RAVENET (Simon-François), graveur à la pointe et au burin, né à Paris en 1706, mort à Londres en 1774.

Peint par son ami *Zaffanii,* gravé par lui-même en 1763. In-4.

RAYNAL (Guillaume-Thomas-François), écrivain philosophe du xviiie siècle, né à Saint-Geniès de Rivedolt (Aveyron), le 11 mars 1713, mort à Chaillot près Paris en 1796.

PORTRAITS DIRIGÉS A DROITE.
Portraits de profil. Avec perruque.

1. C.-N. *Cochin* del., 1773, Aug. *de Saint-Aubin* sculp. In-8.

2. *Bannerman* sculp. In-8.

3. In-8. Avec trois lignes finissant par *Prusse.*

De trois quarts. Coiffé d'un mouchoir à raies.

4. *Lebeau* sculp. In-4

5. N. *Cochin* del., D. sculp. In-8.

6. In-8. Avec trois lignes, la première commence par *Guillaume.*

7. F. *Bonneville* del., *Huot* sculp. In-8.

8. N. Eau-forte. In-8. Pour la Biographie des contemporains. Au bas : *Raynal.*

9. N. Ovale. In-8. Au bas : *Thomas Raynal.*

10. N. In-18. Dans un encadrement ovale. Sur la tablette : *Guill. Thomas Raynal.*

11. N. Lit. In-12. D. à dr. Au bas : *L'abbé Raynal.*

De trois quarts. Entièrement chauve.

12. J. *Hopwood* sculp. In-8.

13. Engraved by *Trotter.* In-4.

De trois quarts. Avec perruque.

14. *Garnerey* pinx., P.-M. *Alix* sculp. In-fol.

15. C. *Boily* sculp. In-8.

PORTRAITS DIRIGÉS A GAUCHE.
Portraits de profil. Avec perruque.

16. In-8. Au bas trois lignes finissant par *Prusse.*

17. In-8. Au bas un globe et des instruments aratoires.

18. C.-N. *Cochin* délin., Louis *Legrand* sculp. In-18.

19. C.-N. *Cochin* del., Louis *Legrand* sculp. In-4.

20. J.-J. *Haid* et fil. excud., Aug. Vind., 1785. In-4.

De trois quarts. Coiffé d'un mouchoir à raies.

21. Dessiné par C.-N. *Cochin,* gravé par N. *Delaunay.* In-8.

22. F.-G. *Lardy* direx. In-8.

23. Chez J.-F. *Rosart* et comp., 1782. In-8.

24. In-8. Au bas trois lignes commençant par : *Guillaume.*

25. Chez *Menard* et *Desenne.* In-8.

26. *Cochin* del., *Landon* direx. In-12.

27. N. In-18. Médaillon ovale. Sur un support.

28. Dessiné par C.-N. *Cochin,* 1780, gravé par N. *Delaunay.* In-4.

29. En petit. Avec dix vers. Il porte le numéro 63.

Caricature.

30. Petit buste. Dans un in-8. Au bas trois lignes, la première commence par : *L'abbé Maury.*

REBECQUE (N., baronne DE), morte à l'âge de trente-six ans en 1773.

A. *de Saint-Aubin* sc. In-4.

REBHAN (JEAN), jurisconsulte, professeur de droit à l'université de Strasbourg, né dans cette ville, mort en 1689 âgé de quatre-vingt-six aus.

1. P. *Aubry* sc., 1664. In-4.

2. J.-Adam *Seüpel* del. et sculp. In-fol.

REBILLE (BONAVENTURE), æt. suæ 68, 1630.

N. In-8. Au bas les titres ci-dessus en une ligne. Il est de trois quarts. D. à g., regarde à dr. Dans un encadrement ovale avec ornements. B. P. R.

REGIS (SAINT JEAN-FRANÇOIS), de la compagnie de Jésus, né en 1597 à Foncouverte, diocèse de Narbonne, mort à la Louvesc (Ardèche) le 31 décembre 1640. Il y est enterré. Il fut canonisé par le pape Clément XII.

Portraits dirigés à droite.

1. L.-F. *Cars* sc. Petit in-fol. A Paris, chez *Cars,* rue de la Savonnerie.

2. J.-F. *Cars* le fils del. et sculp. Lugd. Petit in-fol.

3. St. *Gantrel* f. In-4.

4. N. In-8. Dans un carré. Tête assez grosse. Dans le haut à g. le monogramme des jésuites et au bas trois lignes latines.

5. *Dupin* sculp. In-8.

6. *Demarlicourt* f. In-fol.

7. *Montbart* excud. In-fol.

8. Chez Jacques *Chereau*. In-8.

9. *Natoire* pinxit, *Aubert* sculp. In-fol.

10. Chez *Pillot*. In-4.

11. Chez *Duflos*. In-fol. Autour diverses actions de sa vie.

12. In-8. Au bas quatre lignes finissant par *religion*.

13. Gaspard *Massi* sculp. In-4.

Portraits dirigés à gauche.

14. Jean Franciscus *Cars* fil. del. et sculp Lugduni. Grand in-fol.

15. N. In-fol. major oblong. Dans un encadrement ovale autour duquel on voit diverses action de sa vie.

16. N. In-fol. Dans les angles divers sujets de sa vie.

17. A Paris, chez G. *Montbart*. In-fol.

18. Lith. *Comberousse*. In-fol.

19. Chez *Ponsonnet*. Lith. In-fol.

20. J.-F. *Cars* sculp., 1716. In-4.

21. Jac. *Buys* scu. In-4.

22. N. In-4. Lith. de *Lemercier*.

23. Lith. de *Beraud*, à Lyon. In-4.

24. In-8. Dans un carré. Au bas cinq lignes fi nissant par *Avernia*.

25. N. In-8. Dans un carré. Au bas six ligne finissant par *Avernia*.

26. A Paris, chez J.-F. *Cars*. In-8.

27. *Desrochers* sculp. In-8.

28. Chez *Basset*. In-8.

29. *Goz* et *Klauber* Cath. sc. et exc. In-8.

30. *Klauber* Cath. sc. et exc. In-8.

31. Par la même. Différent.

32. N. sc. In-8. A Louva.

33. N. sc. In-8. Au-dessous une vignette avec cette inscription : *Il se casse la jambe.*

34. Chez *Wagner*, à Venise. In-8.

35. M.-A. *Valré* j^ne. In-8.

36. Lith. de *Dalley*, à Lyon. In-8.

37. N. In-12. Dans une bordure formée de palmes. Au-dessus de la tête le monogramme des jésuites. Au bas cinq lignes finissant par *Clément XII.*

38. Simon *Petit* delin., Fred. *Bouttats* sculp. In-8.

39. N. sc. Chez *Pillot*. In-18.

40. N. se. Chez *Thibaudier*. In-18.

41. In-8. Tenant un Christ. Au bas : *Saint François Regis.*

Portraits en pied dirigés à gauche.

42. Chez *Daudet,* à Lyon. In-4.

43. Chez *Pillot.* In-fol.

44. J.-A. *Lami* fe. In-4.

Portraits en pied dirigés à droite.

45. Chez *Caldera,* à Lyon. Gravure in-fol.

46. Chez *Caldera,* à Lyon. Lith. in-8.

47. Lith. *de Gabeau,* à Lyon. In-8.

REISESSEN (FRANÇOIS), consul de la ville de Strasbourg, écolâtre de l'université, né dans cette ville le 26 octobre 1631, mort dans la même ville le 23 décembre 1720.

J.-A. *Seüpel* del. et sculp. In-fol.

RELONGUE (JEAN-CHARLES), seigneur de la Louptière, de l'académie des belles-lettres des Arcades de Rome, né le 16 juin 1727 à la Louptière, diocèse de Sens (département de l'Aube), mort à Paris en 1784.

Peint par *Surugue,* gravé par *Beauvarlet.* In-8.

Ce portrait orne ses œuvres diverses. Paris, 1768.

RENAUD DE VILLENEUVE (FRANÇOIS), évêque de Montpellier, mort le 24 janvier 1766, âgé de quatre-vingt-quatre ans.

E. *Loys* pinxit, *Vidal* sculp. In-4. B. A.

REVEL (HUGUES DE), dix-neuvième grand maître de Malte, né en Dauphiné, élu en 1260, mort en 1278.

1. Ph. *Thomassinus.* In-8. De profil à dr. Sur une feuille, avec P. Villebride, G. de Châteauneuf et N. de Lorgue.

2. N. Copie. In-8. De profil à g.

3. N. En petit. Sur une feuille à 56 publiée en Italie.

4. In-8. De trois quarts à dr. Dans un cercle.

Au bas dix-neuf lignes italiennes finissant par 1278.

5. *Cars* sculp. In-4.

REVOIRE (RAYMOND), abbé général de Sainte-Geneviève de Paris, nommé en 1772.

Libon Daute Combe pinxit, caput *Cathelin,* cetera *de la Gardelle* sculpsere. In-fol.

REYRAC (FRANÇOIS-PHILIPPE DE LAURENS DE), poëte, littérateur, membre de diverses académies, censeur royal, prieur, curé de la paroisse de Saint-Nicolas d'Orléans, né en 1734, au château de Longeville en Limousin, mort à Orléans en 1782.

1. Gravé par N. *Delaunay.* In-18. Au bas quatre vers. Voici le premier :

Ainsi que la douce amitié.

Ces vers ont été remplacés par ceux-ci :

Soleil, je demanderai aux dieux.

2. Edition *de Cazin.* In-18.

RICCARD (l'abbé).

Peint par H. *Bainville,* gravé par J. *Coelemans.* In-fol.

RICHSHOFFER (DANIEL), premier magistrat de Strasbourg, né le 10 décembre 1640, mort le 23 septembre 1695.

J.-A. *Seüpel* sculp. et delin. In-fol.

RIPERT DE MONCLAR (JEAN-PIERRE-FRANÇOIS), procureur général au parlement de Provence, né à Aix (Bouches-du-Rhône) le 1er octobre 1711, mort le 12 février 1773, dans sa terre de Saint-Saturnin.

1. Auguste *de Lorraine* sculp. In-fol.

2. N. In-4. D. à dr. Dans un encadrement ovale. Au bas quatre lignes finissant par 1773.

RITTER (LUCAS-SÉBASTIEN), pasteur de St-Nicolas, et chanoine de Saint-Thomas de Strasbourg, né à Francfort-sur-le-Mein en 1648, mort à Strasbourg le 19 janvier 1709, après trente ans de prédication.

J.-A. *Seüpel* sculp. In-fol.

RITTER (Balthasar).

Johannes Henri *Roos* pinxit, sculpsit Elias *Hainzelman*. In-fol.

RIVALZ (N.), femme d'Antoine.

Rivalz pin., Bartolo *Rivalz*, anno 1722 sc. In-4.

RIVALZ (Pierre), peintre de Toulouse.

B. *Rivalz* sculp., Romæ. In-4.

ROBERT (Adhémar ou Aymar), successivement évêque de Lisieux, Arras et Thérouanne, archevêque de Sens, créé cardinal au mois de septembre 1342, par le pape Clément VI.

N. In-4. Dans l'Histoire des cardinaux françois de *Duchesne*.

ROCHE-AYMON (Charles-Antoine de la), né en 1692 à Mainsac, diocèse de Limoges, fut sacré évêque de Sarept le 5 août 1725, nommé évêque de Tarbes en 1729, archevêque de Toulouse en 1740, de Narbonne en 1752, grand aumônier de France en 1760, archevêque de Reims en 1762, créé cardinal en 1771, nommé abbé de Saint-Germain des Prés en 1772, mort en 1777, doyen des évêques de France.

1. Peint par *Roslin* en 1768, gravé par *Cathelin*, 1773. Petit in-fol.

2. *Daumont*. In-8.

3. Petit médaillon. In-8 oblong. Avec emblèmes. Dans l'Histoire du sacre de Louis XVI.

4. *Patas* sc. In-8. En pied. On lit au bas : *Habillement de premier pair ecclésiastique faisant fonctions de sacrer le roi.*

5. *Berdalle* del. Lith. in-8. Copie du numéro 4.

ROCHEBLAVE (Henri de), né en 1665, auteur de sermons, ministre à Schaffouse et de l'Eglise française à Dublin, où il est mort en 1709.

W. *Jonckmann*. In-12.

ROCHECHOUART (Pierre-Jules-César de), né le 8 mars 1698 au château de Montigny (Loiret),

nommé abbé de Bellevaux en 1731, évêque d'Evreux en 1733, sacré le 21 mai 1734, nommé abbé de Bonnecombe en 1738, évêque de Bayeux en 1753, abbé de Beaulieu en 1773, mort en 1776.

Peint par *Rupalcy*, gravé par J. *Tardieu*, 1764. In-fol.

ROCHECHOUART (Jean-François-Joseph de) né le 28 janvier 1708, dans le diocèse de Toulouse, sacré évêque de Laon le 15 octobre 1741, nommé abbé de Saint-Remy en 1745, de Signy en 1760, créé cardinal le 13 novembre 1761 par le pape Clément XIII, et nommé abbé de Saint-Ouen en 1764, mort le 20 avril 1777.

1. P.-Ant. *Pazzi* sc. In-4.

2. *Patas* sculp. In-8. Pour le sacre de Louis XVI. Au bas, au lieu du nom on lit : *Habillement d'un pair ecclésiastique.*

ROCHEFOUCAULT (François III, comte de la) et de Roucy, prince de Marcillac, seigneur de Verteuil, etc., chevalier de l'ordre du roi, gouverneur et lieutenant général en Champagne, embrassa le parti des huguenots, devint un' de leurs chefs. Il fut tué à la Saint-Barthélemy l'an 1572.

Dessin in-fol. à la B. R., collection d'*Uxelles*.

ROCHEFOUCAULT (Charles de la), fils de François VI, duc de la Rochefoucault, et d'Andrée de Vivonne de la Chasteigneraye, naquit le 29 septembre 1635, fut fait chevalier de Malte, puis nommé abbé de Molême sur la démission du prince de Conti, s'en démit lui-même en faveur de son frère. Il mourut le 19 novembre 1692.

N. sc. In-fol. Il est D. à dr. Dans une bordure ovale posant sur une tablette blanche, où sont ses armes. Le fond du portrait est formé de tailles courbes et le fond extérieur de tailles horizontales.

ROCHEFOUCAULD (Louis-Armand-François, et suivant le P. Anselme, *Alexandre* de la), duc d'Estissac, porta d'abord le titre de duc de la Rocheguyon, puis celui d'Estissac, fils de François VIII, duc de la Rochefoucauld, et de Madeleine-Charlotte le Tellier, naquit le 29 septembre 1690, servit dans la marine sous M. de Forbin, ensuite dans l'armée de terre, fait brigadier en 1719, s'en démit en 1727, fut fait chevalier des ordres du roi en 1728, nommé grand maître de la garde-robe du roi en survivance de son père; il entra en possession de cette charge en 1758, et mourut à Paris le 28 mai 1783.

1. *Dessin* au crayon. In-4.

2. F. *Le Roy* sculp. In-4.

ROCHEFOUCAULT (Frédéric-Jérome de Roye de la), fils de François de Roye de la Rochefoucault, deuxième du nom, et de Catherine-Françoise d'Arpajon, fut nommé abbé de Saint-Romain de Blaye en novembre 1717, de Beauport au mois de mai 1722, prieur de Lanville, diocèse d'Angoulême, et de Bonnes-Nouvelles à Rouen, sacré archevêque de Bourges le 7 août 1729, créé cardinal le 17 avril 1747.

1. Chez *Crepy*. In-8.

2. Eques J.-F. *de Troy* pinx., Claud. *Gallimard* sculp. In-4.

3. P.-F. *Tardieu* sc. In-4. Copie du numéro 2. Dans le même sens.

ROCHER (Michel), prêtre, chanoine théologal de la prébende de Hernesq, pénitencier de l'église de Bayeux, vicaire général de messeigneurs d'Angennes et de Molé, évêques de Bayeux, supérieur des religieuses du diocèse, natif du Grand-Lucé au Maine, décédé le 9 novembre 1654, âgé de soixante et un ans, en estime de haute vertu. *Ce texte forme six lignes.*

N. sc. Petit in-fol. D. à g.

ROCU (M.-J.).

P. S. fe., 1604. En petit. D. à dr.

ROETTIERS (Joseph-Charles), chevalier, graveur général de monnaies et des chancelleries de France, conseiller de l'académie royale de peinture et sculpture.

Dessiné par C.-N. *Cochin*, gravé par Aug. *de Saint-Aubin*, 1774. In-4.

ROGER (Pierre-Guillaume), ancien syndic des avocats au parlement de Rouen.

N. In-fol. D. à dr. Dans une bordure cintrée.

ROGER (Charles), marchand mercier de Paris, condamné par arest de la cour de parlement d'estre exposé au pilory le 21, 22 et 23 juin 1768, tel qu'il est icy représenté pour banqueroute frauduleuse. *Ce texte forme quatre lignes.*

N. sc. In-4.

ROGIER (N.), consul de la ville de Reims.

Robert sculpsit. In-4.

ROGNER (Georges-Louis), pasteur de Saint-Aurélien de Strasbourg et chanoine de Saint-Thomas de la même ville, âgé de soixante ans, prédicateur depuis trente-cinq, mort en 1709.

A. *Seüpel* del. et sculp. In-4.

MAISON DE ROHAN.

ROHAN, PRINCES DE GUÉMÉNÉE.

ROHAN (Louis de), prince de Guéménée, comte de Montauban, marquis de Marigny, gouverneur de l'île de France.

B. *Moncornet* excud., 1656. In-8.

ROHAN, DUCS DE MONTBAZON.

ROHAN (Charles III, de), prince de Guéménée, duc de Montbazon, pair de France, fils aîné de Charles II de Rohan et de Jeanne-Armande de Schomberg, né au mois d'octobre 1675, mort en son château de Rochefort le 10 octobre 1727, âgé de soixante-douze ans.

Chez *Bonnart*. En pied. In-fol.

PRINCES DE SOUBISE, DUCS DE ROHAN-ROHAN.

ROHAN (Anne-Geneviève de Levi, princesse de), fille de M. le duc de Ventadour, veuve de Louis de Latour, prince de Turenne, mariée à Hercule de Meriadec, duc de Rohan-Rohan.

SEIGNEURS DE GYÉ DUCS DE ROHAN.

ROHAN (Françoise de Penhoet, première femme de Pierre de), maréchal de Gyé.

N. In-4. A genoux. Dans *Montfaucon.*

ROHAN (Jacqueline de), fille de Charles de Rohan, seigneur de Gyé, et de Jeanne de Saint-Séverin, mariée en 1536 à François d'Orléans-Longueville, marquis de Rothelin, morte calviniste en 1586.

N. In-8. Dans *Montfaucon.*

ROHAN (Le prince de).
N. In-fol. En pied. Pour le sacre de Louis XV. En costume de grand maître de la maison du roi.

ROLLAND (Jean), docteur ès lois, nommé évêque d'Amiens, puis créé cardinal.

N. In-4. Dans l'Histoire des cardinaux françois de *Duchesne.*

ROLLAND D'ERCEVILLE (Barthélemy-Gabr.), président au parlement, auteur de divers ouvrages, né le 18 août 1730, mort sur l'échafaud révolutionnaire en 1794.

Suvé delineavit, L.-S. *Lempereur* sculp. In-4.

ROSE (Antoine), évêque de Clermont.
Gravé par *Charpignon.* In-4.

ROSSET (François de), poëte et romancier, né en Provence vers 1570, mort après 1630.

L. *Gaultier* sc. Petit portrait. Dans le titre in-fol. du Roland furieux.

ROSSET (Pierre Fulcran de), conseiller à la cour des aides de Montpellier en 1774, mort à Paris en 1788.

1. Dessiné par *Quantin,* gravé par L.-J. *Masquelier.* In-4.

2. Lith. In-12. D. à dr. Copie du précédent.

ROTÉ (Michel), de Blois, docteur de Navarre, théologien de Paris, nommé chanoine de Saint-

Etienne de Troyes en 1596, mort le 17 décembre 1644, âgé de quatre-vingt-quatre ans.

Paul *Roussel* sculp. In-4.

ROUBILIAC (Louis-François), sculpteur, né à Lyon, mort à Londres en 1762.

1. Adrien *Carpantiers* pinx., D. *Martin* fecit, 1765. In-fol.

2. *Chombars* sc. In-8.

ROUELLE (Guillaume-François), apothicaire de Paris, ancien inspecteur général de la pharmacie à l'Hôtel-Dieu, démonstrateur en chimie au jardin royal des plantes, des académies royales des sciences de Paris et de Stockholm, et de l'académie électorale d'Erfort, né au village de Matthieu, près Caen, le 15 septembre 1703, mort à Passy le 3 août 1770.

1. V. *Chevalier* pinx., L.-J. *Cathelin* sc. In-fol.

2. E. del., *Landon* direx. In-12.

ROUELLE (Hilaire-Marin), frère du précédent, membre du collége de pharmacie de Paris, etc., né en 1718, mort à Paris en 1779.

Fredou del., 1762, N. *Lemire* sculp. In-4.

ROUSSEAU (Jean-Jacques), écrivain philosophe du xviiie siècle, né à Genève en 1712, mort à Ermenonville le 3 juillet 1778.

Portraits dirigés à gauche. In-8.

1. *Delatour* pinx., *Littret* sc., 1763.
2. *Marillier* del., *Duhamel* sculp.
3. L. F. sculp.
4. Al. *Massard* scu., 1822.
5. *Mauzaisse* d¹., *Heath* s¹.
6. N. Médaillon avec emblèmes. Au-dessous une vignette. Il tient une plume dans la main dr.
7. Gravé par *Verité* d'après le buste.
8. *Bonneville* del., *Mariage* sculp.
9. *Frilley* del., *Soliman* sculp.
10. Ch. *Duchesne* delin., *Couché* fils sculp.
11. *Deveria* del., *Couché* fils dir., *Gouault* sculp.

12. *Hopwood* sc. Publié par *Furne*.

13. N. A Genève, chez *Cassin*, à Paris, chez *sabey*.

14. N. Copie du précédent. Il est de profil. Au bas du médaillon : *L'île des peupliers.*

15. Chez *Dalibon*, 1824. Portrait en bois. Sur la couverture de livraisons de vignettes.

16. Dessiné et gravé par *Saint-Aubin* d'après le buste fait par *Houdon*.

17. N. Médaille et revers, formée de deux tailles. La tête surmontée d'une couronne d'étoiles. Entre les deux tailles du haut on lit : *Vitam impendere vero*, et dans le bas : *J.-J. Rousseau*. Le revers représente l'île des peupliers.

18. Lith. Dans un carré, sur la tablette on lit : *Jean-Jacques Rousseau | d'après le tableau original par* Latour.

Portraits dirigés à gauche. In-12.

19. *Binet* del., *Bovinet* sculpsit. Buste entouré de divers sujets.

20. J.-C. *Delignon* sculp., 1791.

21. Dans un ovale. Surmonté d'une couronne d'où s'échappent des rayons. Au bas sur la tablette : *J.-J. Rousseau.*

22. *Houdon* fecit, *Landon* direxit.

Portraits dirigés à gauche. In-18.

23. Dess. au physion. D'après le buste de *Houdon* et gravé par *Quenedey*.

24. F. *Villerey.*

25. *Carrée* sculp.

26. N. De profil. Dans un cercle formé de trois tailles. Entre la première et la seconde, au-dessus de la tête, on lit : *J.-J. Rousseau, né à Genève.*

27. *Goulu* sculp.

28. Lith. de *Marc-Aurèle*, à Valence, 1821.

Portraits dirigés à gauche. In-4.

29. Dessiné et gravé à l'eau-forte par *Queverdo*, terminé par *Massol.*

30. *Delatour* pinx., A. *de Saint-Aubin* scul.

31. H. *Godin* fecit.

32. Dessiné à Neufchâtel en 1765, gravé par J.-B. *Michel*. Il est de profil.

33. N. Dans un cercle in-18, avec vingt-sept lignes de texte : *la Nouvelle Héloïse* forme la dernière.

34. *Deville* d'après *Latour*. Lith.

35. N. Lith. de *Villain*.

Portraits dirigés à gauche. In-fol.

36. A. *Ramsay*, Londini, pinx., 1766, D. *Martin* fecit.

37. A. *Ramsay*, Londini, pinx., 1766, J.-E. *Nochez* sculp., 1769.

38. Peint par *Garnerey*, 1803, gravé par M. *Alix.*

39. Dessiné par *Devosges*. Chez *Quenedey*.

40. Gravé par Angélique *Briceau*, f^{me} *Allais*.

41. C.-P. *Marillier* del., N. *Ponce* sculpsit. Les Illustres Français.

42. Publié par Mme *David* pour l'Almanach de 1827. Buste au-dessus des six derniers mois.

43. N. sc. Chez *Landelle*.

44. Peint et gravé par *Kraus*.

45. *Hesse*, 1825. Lith.

46. *Mauzaisse* del. Lith.

47. P. *Sudré* del. Lith.

Portraits dirigés à droite. In-8.

48. Chez *Daumont.*

49. Même composition. Sur la face du support, au lieu des noms, on lit : *Vitam impendere vero.*

50. Gravé par *Hopwood.*

51. *Pollet* sculp.

52. *Frilley* del., *Soliman* sculp.

53. *Delatour* pinx., F. *Ficquet* sc.

54. *Delatour* pinx., R. *Vinkeles* sc., 1767.

55. *Ramsay* pinx.

56. A. *Ramsay*, Londini, pinx., 1766, J.-M. *Söckler* sc., 1776.

57. Même composition. Sur la tablette on lit : *Vitam impendere vero* au lieu des noms.

58. Buste dans la chambre de Mme de Warens qui, assise à son piano, fait de la musique.

59. C.-N. *Cochin* fils inv. et del., 1780, R. *de Launay* le jeune sculp., 1782. Frontispice de l'E-mile.

60. Buste de profil. Au-dessus l'île des peupliers, et plus bas quatre vers : *Entre ces.*

61. N. Lith. de *Delpech.*

Portraits dirigés à droite. In-12.

62. *Latour* pinx^t, *Dupréel* sculp^t.

63. N. Type du précédent. *J.-J. Rousseau* sur la tablette, qui est blanche. Au-dessous le numéro 28.

64. *Leroux* sculp., Ambroise *Tardieu* direxit.

65. Aug. *Saint-Aubin* fecit.

Portraits dirigés à droite. In-18.

66. N. sc. Au-dessus de l'ovale : *J.-J. Rous-seau.*

67. J.-B. *Compagnie* sculp.

68. C.-P. *Marillier* del., 1779, *Ingouf* junior sc., 1780.

69. F. *Bonneville* del., *Delatour* sculp.

70. *Marillier* sculp.

71. Jac. *Chailly* sculp.

72. *Delatour* pinx., A. *Smith* sculp.

73. Aug. *Saint-Aubin* fecit. Très-petit buste. Dans un rond. Pour la société populaire du Contrat social.

74. Aug. *Saint-Aubin* fecit. Très-petit buste. Dans un rond. Pour la section du Contrat social.

75. Dess. par *Quenedey*, avec le phy. in. p. Ch. Profil à claire-voie.

Portraits dirigés à droite. In-4.

76. Dessiné par *Vecharigi*, gravé par *Gau-cher*, 1763.

77. Dessiné et gravé par S.-C. *Miger*, d'après le buste fait par J.-B. *Lemoyne* en 1766.

78. Gravé par *Ingouf*, d'après le buste.

79. *Taraval* del., C. *de Watelet* sc., 1766.

80. J.-J. *Haid* et fil. exc. A. v.

81. *Desrais* del. sc.

82. Dessiné par *Lemire*, d'après le buste de *Houdon*, réduit et gravé par *Delvaux*.

83. Lith. de *Ducarme.*

84. Chez *Blaisot.* Lith.

Portraits dirigés à droite. In-fol.

85. A. *Ramsay*, Londini pinx., 1766, E. *Corbett* fecit.

86. Dessiné par *Lebarbier* l'aîné, gravé par *Cazenave.* Buste fort comme nature.

87. *Dumont*, élève de M. *David.* Lith.

Vu de face.

88. J.-M. *Degault* del., *Copia* sc. In-8.

AVEC DIVERS PERSONNAGES SUR LA MÊME FEUILLE.

89. Deux têtes de Rousseau en regard. Marie *Lavigne.* Lith. In-fol.

90. Avec Voltaire. Il est sur le premier plan N. In-18. Au physionotrace.

91. Avec Voltaire, qui est à dr. *Couché* fils. Sur une feuille in-18.

92. Avec Voltaire. Médaillons attachés à des piques. Au bas deux lignes : *Les cendres de Vol-taire.* Dessiné par *Boiseau*, gravé par *Colibert* In-fol.

93. Avec Marmontel. Il porte numéro 20, pro-cédé Collas. In-8.

94. Avec Mme Campan. Dans la France pitto-resque.

95. Avec Voltaire. In-fol. oblong. En pied.

96. Avec Voltaire et Franklin. In-8. Chez l'auteur, quai d'Anjou.

97. Chez *Allais.* In-8. Sur une feuille in-4. Avec Voltaire, Franklin et Mirabeau.

98. Avec dix-neuf autres personnages. Petit buste. Sur une feuille in-fol. Il est le deuxième.

99. Pour les Mémoires de la révolution. Il porte le numéro 58.

Portraits dirigés à gauche. En pied. In-8.

100. *Mayer* del. Venant d'herboriser.

101. *Mayer* del., J.-M. *Moreau* le jeune, 1779. Venant d'herboriser.

102. *Aveline* sc. J'appelai l'oublieur, et je lui dis.

103. N. *Politique.* Frontispice. Il regarde à dr.

104. *Desève* dir'. Monument érigé à Genève à J.-J. Rousseau.

105. *Moreau* del., *Lecerf* sc. Les derniers moments de J.-Jacques..

Portraits dirigés à gauche. In-4.

106. *Mayer* del., H. sc.

107. Lith. par *Coteau ,* d'après le plâtre, déposé aux archives.

Portraits dirigés à gauche. In-fol.

108. Dessiné par *Bouchot,* gravé par *Charon.* Grand in-fol.

109. Gravé par Mme *Lamothe.* Janvier 1806. Pensées de J.-Jacques.

110. Statue d'après J. *Pradier,* lith. *de Lemercier.*

Portraits dirigés à droite. En pied ou assis. In-8.

111. J.-J. Rousseau à la barrière du Trône.

112. *Cazenave* sc. J'appelai l'oublieur.

113. *Desenne* del., *Frilley* sculp.

114. *Dupréel* sc. Adieu Paris, ville de bruit, de fumée et de boue.

115. *Mayer* del., *Dupréel* sculp. Venant d'herboriser.

116. A. *Bertault* del., N. *Ponce* sculp., 1817. J.-J. Rousseau herborisant.

117. *Naigeon* del., *Giraud* le jeune sculp. Politique, tom. II.

118. J.-M. *Moreau* del., *Walker* sculp. Les derniers moments de J.-Jacques.

119. *Bertaux* fecit, 1774, *Buquoi* filius sculp., 1777.

120. *Déveria* del., *Manceau* sculp.

Portraits en pied. In-4.

121. N. *Monsiau* del., 1791, gravé par L.-M. *Halbou.* Venant d'herboriser.

122. *Lebarbier* l'aîné inv., 1783, L.-M. *Halbou* sculp.

123. C.-N. *Cochin* del., N. *Ponce* sculp. Discours sur l'inégalité des conditions.

124. N. *Aux manes de J.-J. Ronsseau :* Rousseau la releva, la consola et la secourut.

125. N. Lith. d'après une esquisse de J. *Houel.*

Portraits en pied. In-fol.

126. *Moreau* le jeune del., N. *Guttenberg* sculp. Dernières paroles de J.-J. Rousseau.

127. N. Il regarde à gauche. Sur une table à droite, on voit une lyre contre laquelle est appuyé un livre ouvert ; sur le feuillet de gauche on lit : *le Devin du village,* et sur le feuillet de droite : *Pygmalion, scène lyrique.*

THÉRÈSE LEVASSEUR, femme du précédent. *Naudet* sc. In-fol. En pied. De profil à dr.

ROUSSEAU (Messire JEAN-VINCENT), écuyer, conseiller, secrétaire du roi, maison, couronne de France et des finances, honoraire en grande chancellerie, né à Sedan le 4 décembre 1698.

Mlle *Rousseau* delineavit, *Bertin* sculp. In-8.

N. Femme du précédent.

Mlle *Rousseau* delineavit, *Bertin* sculp. In-8. D. à dr. En pendant avec son mari.

ROUSSEAU (PIERRE), écrivain médiocre, né à Toulouse en 1725, mort à Bouillon en 1785.

Davesne p., *Cathelin* sc., 1762. In-8.

ROUSSET DE MISSY (JEAN), publiciste, historien et compilateur, né à Laon en 1686, mort à Bruxelles environ l'an 1762.

J. *Fournier* p., 1747, J. *Houbracken* sc. In-fol.

ROUXEL (JEAN), poëte et professeur royal d'é-
loquence et de philosophie à l'académie de Caen.
L. *Tiphaine* f. In-8. A gauche de la tête *ætatis suæ* 56, et à droite ses armoiries. Les noms
et titres sont au verso. Au bas du portrait qui se
trouve dans ses poésies, Caen, 1636, Adam Cave-
lier, on lit :

> Quem pictura facit spirantem,
> Et scripta loquentem,
> Quis neget hunc vita
> Post sua fata frui? A. HALLEY.

ROYER (CHARLES).

N. In-8. Petit buste. Dans un médaillon ovale,
porté par deux génies. Au-dessous, à la gauche de
l'estampe, une Muse, d'une main, montre le buste
et tient de l'autre un papier déployé sur lequel on
lit en six lignes : *Car des | Royer | de Nomcy
| musæ | juve | niles.*

ROYLLET (HONORÉ-SÉBASTIEN), membre de
l'académie royale d'écriture, auteur d'ouvrages
sur l'art d'écrire, né à Châlons en Champagne,
mort en 1767.

De Ferville delin., *Romanet* sculp., in Basi-
læa, 1767. In-fol. Médaillon rond, ayant pour emblèmes une feuille de papier, une plume, une règle
et un compas.

S

SABLON DE GUILLONVILLE (ESPÉRANCE-FÉ-
LICITÉ).

N. In-18. Médaillon rond entouré de guirlandes. Au-dessus on voit les emblèmes de la peinture et de la musique.

SADOLET (JACQUES), savant théologien, orateur
et poëte, né à Modène en 1477, mort à Rome en
1547, fut nommé évêque de Carpentras par le
pape Léon X, et créé cardinal par Paul III.

1. N. En petit. Dans la Chronique d'*Opmeer*.

2. N. In-8. Dans *Boissard.*

3. J.-M. *Zell* sculp. hort. Grand in-8.

4. V. W. f. In-8.

5. N. In-8. Sur bois. Dans *Reusner.*

6. N. In-8. D. à g. Au bas quatre vers latins
par *Bened. Arias Montanus.*

7. N. In-8. D. à g. Au bas les mêmes lignes.

8. A. *Salm°* fec. In-8. Dans *Lorenzo Crasso.*

9. N. En petit. D. à dr. Au bas ces deux lignes :

> Jacobus Sadolet, | cardinalis.

SAGE (BALTHAZAR-GEORGES), des académies des
sciences de Paris, de Stockholm, et des académies impériale et électorale de Mayence, censeur royal, nommé membre de l'Institut en 1805,
né à Paris le 7 mars 1740, mort dans la même
ville en 1821.

1. F.-G. *Colson* pinx., J. *Beauvarlet* sculp.
In-8.

2. A. *de Marcenay* pinx. et sculp., 1775.

3. *Hubert* sculp. In-4.

4. Jul. *Boilly* lith. In-fol.

SAINT-ÉTIENNE, fondateur de l'ordre de
Grandmont, fils d'Etienne, vicomte de Thiers, né
en Auvergne, mort le 7 février 1124-6 dans son
monastère de Muret.

M. *van Lochom* exc. In-8.

SAINT-GUILLAUME, duc, comte et ermite,
restaurateur des ermites en Italie, fils du duc de
Guyenne, comte de Poitiers. Il mourut près Sienne
en Italie, le 10 février 1166.

Michel *van Lochom* excu. In-8.

SAINT-GUILLAUME, abbé, réformateur de
l'ordre de Saint-Augustin, né à Paris en 1104,
mort en 1202, âgé de quatre-vingt-dix-huit ans,
au Paraclet, dans le monastère de Saint-Thomas,
qu'il avait fait bâtir.

Mich. *van Lochom* fec. et exc. In-8.

SAINTE-HÉLÈNE (La R. mère SUZANNE DE),
de Paris, fondatrice et première supérieure des
religieuses chanoinesses de Saint-Augustin du

monastère de Notre-Dame de la Victoire, situé à Picpus-lès-Paris, qui trépassa saintement audit monastère le 5ᵉ jour d'août 1648.

Poilly sc. In-4.

SAINTE-JAILLE (Didier de), quarante-cinquième grand maître de Malte, prieur de Toulouse, élu grand maître le 12 novembre 1535, mort le 26 septembre 1536.

1. Ph. *Thomassinus*. In-8. De profil à dr. Sur une feuille, avec J. de Homède, C. de la Sangle et J. de la Valette.

2. N. In-8. De profil à g. Copie.

3. N. En petit. Sur une feuille à 56 publiée en Italie.

4. N. In-8. De profil à dr., dans un cercle. Au bas quatorze lignes italiennes, *orni* forme la dernière.

5. *Cars* sculp. In-4.

SAINT JEAN DE MATHA, un des fondateurs de l'ordre des trinitaires ou mathurins en 1198, né en 1160 à Faucon (Basses-Alpes), mort à Rome en 1214, âgé de cinquante-quatre ans.

1. C. *Galle* sculp. In-8.

2. Mich. *van Lochom* fec. et ex. In-8.

3. Chez *Poilly*. En pied. In-fol.

SAINTE JULIENNE, reçue au couvent de Sainte-Austreberthe de Pavilly, où elle est morte; son corps fut transporté au couvent de Sainte-Austreberthe à Montreuil-sur-Mer.

J. *Lenfant* del. et sculp., 1647. In-fol.

SAINT-MARC (Jean-Paul-André des Rasins, marquis de), poëte lyrique, né en Guyenne, mort à Bordeaux en 1818.

1. Gravé d'après le tableau de *Danlaux*, par Ch. *Gaucher* en 1773. In-8. D. à dr. Les noms sur la bordure.

2. Par *le même*. Les noms sur la tablette.

3. Peint par Mˡˡᵉ *Loir*, gravé par *Gaucher*. In-8.

SAINT-NON (Jean-Claude Richard, abbé de), dessinateur et graveur, amateur zélé des beaux-arts, né à Paris en 1727, nommé abbé de Poultières en 1758, mort en 1791.

1. Gravé par *Delvaux*, d'après un pastel de *Saint-Aubin*, en 1774. In-8.

2. S. *d'Ag.* sc., 1782. Eau-forte. In-18. Tête de profil à dr. Dans un carré.

SAINT-OFFANGE (Magdelon-Claude de), abbé de Saint-Maur-sur-Loire, 1656, ætatis 52.

Dessin in-fol. à la pierre noire. B. R.

SAINT-OFFANGE (Claude de), trente-troisième abbé de Saint-Maur-sur-Loire et général des bénédictins.

Dessin in-fol. à la pierre noire. B. R.

SAINT-OMER (M.) l'aîné, auteur des Vrais Principes de la comparaison des Ecritures, mort à Paris en 1810.

Dessiné à la plume par J. *Bernard*, gravé par *Jean* dit *Martainville*. In-fol.

SAINT PIERRE NOLASQUE, fondateur de l'ordre de Notre-Dame de la Merci, de la Rédemption des captifs, né en 1190 à Messantes-Puelles, diocèse de Saint-Papoul, mort à Barcelone le 31 décembre 1249.

Michel *van Lochom* fe. et ex. In-8.

SAINT ROBERT, fondateur et premier abbé de l'ordre de Cîteaux, né en Champagne, mort au monastère de Molesme le 29 avril 1098, âgé de quatre-vingt-treize ans.

Michel *van Lochom* excudit. In-8.

SAINT-SATURNIN (Nicolas de), religieux et provincial de l'ordre de Saint-Dominique, docteur en théologie, lecteur du sacré palais, prêtre-cardinal du titre de Saint-Martin des Montagnes.

N. In-4. Dans l'Histoire des cardinaux françois de *Duchesne*.

SAINT-YRIER (Elie de), de l'ordre de Saint-François, abbé de Saint-Florent de Saumur, évéque d'Uzès, créé cardinal en 1356 par Innocent VI, et nommé évêque d'Ostie et Velitre par Urbain V, mort à Avignon le 4 octobre 1367.

1. N. In-4. Dans l'Histoire des cardinaux françois de *Duchesne*.

2. En petit. D. à dr. Au bas : *Elie de Saint-Yrux*.

SALM (Jean, comte de), baron de Vivier, maréchal de Lorraine, grand maître de l'hôtel de son altesse, gouverneur de sa ville de Nancy.

1. W. (*Woeiriot*) sc. In-18.

2. Jacob *ab Heyden* fecit et excudit. In-8.

SALTAMOCHUS (Guilielmus), *Arvernus societatis Jesu coadjutor*, né en Auverge, tué en 1593 par les calvinistes à l'âge de 38 ans.

1. In-8. Dans un encadrement ovale. D. à dr. Au bas, cinq lignes en latin finissant par *fidem*.

2. In-8. Sur bois. D. à g. Au bas dans la gravure, deux lignes finissant par 1593, et plus bas, quatre vers dont le premier mot est *Sector*, le dernier *dedit*. Sur une feuille in-fol. En regard de Salesius.

3. In-8. D. à dr. Dans un carré. Dans le haut du carré on voit le numéro 86. Au bas de la gravure, trois lignes finissant par 1593.

SALZMANN (Jean-Rodolphe), professeur à la faculté de médecine de Strasbourg, né dans cette ville en 1574, mort en 1656.

Peter *Aubry* sculpsit et excudit, 1637. In-4.

SALZMANN (Balthazar-Frédéric), pasteur à Strasbourg, né le 4 décembre 1612.

1. Gravé en 1680 par P. *Aubry*. In-fol.

2. J.-A. *Seüpel* delin et sculp. Argentor. In-fol., 1689. État. 77, minist. 46, pastor 31.

SALZMANN (Jean-Rodolphe), docteur, professeur et assesseur de la faculté de médecine de Strasbourg, né en 1611, mort en 1678.

Petrus *Aubry* sculp. In-fol.

SANGLE (Claude de la), quarante-septième

grand maître de Malte, né en Beauvaisis, était ambassadeur de l'ordre lorsqu'il fut élu grand maître en 1553, et mourut le 18 août 1557, à Malte.

1. Ph. *Thomassinus*. In-8. De profil à dr. Sur une feuille, avec D. de Sainte-Jaille, J. de Homède et J. de la Valette.

2. N. In-8. De profil à g. Copie.

3. N. En petit. Sur une feuille à 56 publiée en Italie.

4. N. In-8. D. à dr. Au bas dix-sept lignes italiennes, *gistero* forme la dernière.

5. *Cars* sculp. In-4.

SANLECQUE (Jacques de), célèbre typographe, né dans le Boulonnais en 1573, mort en 1648.

N. En petit. Numéro 145 d'une Chronologie collée.

SARACENE (J.-A.), de Lyon, médecin.

N. In-8. D. à dr. Sur la bordure on lit : *Janus Antonius Saracenus Lugd. anno Dni* 1598, *æt.* LI.

SAUGRAIN (N.), sixième librairie de ce nom, de père en fils depuis 1518. Reçu en 1739 ; il est auteur du Code de la librairie et de l'imprimerie.

Fiquet sculpsit. In-12.

SAUSIERS (D. Petrus de), regi ab eleemosiniis, sacræ facultatis parisiensis doctor, prior sancti Gerardi Lemonicis, natus Parisiis 11ª nov. 1673, hora 4ª matutina.

16 horris currens anno. 1763.
Collegiatæ regalis sancti Ludovici
De Lupara canonicus.

B. L. *Henriquez* sculpsit. In-8. B. R.

SAUVAGE (Mlle), actrice. La gravure porte le nom de *Babichon*. Au bas douze lignes divisées par trois. Voici les trois premières :

Que fais-tu là-bas,
Tout droit comme un I ?
Approche donc Nicodème.

V. à la B. R. Le cabinet *Basan*, au 1ᵉʳ volume, la table et la gravure.

L. *Vigée* pinx., F. *Basan* sculp. In-fol.

SAVOYE (Louise-Marie-Françoise de), reine de Portugal, fille de Charles-Amédée de Savoye, duc de Nemours et de Gènevois, d'Aumale, etc., et d'Elisabeth de Vendôme, née à Paris le 21 juin 1646, mariée le 2 avril 1668, dans la chapelle du château de Lisbonne, à Pierre II, roi de Portugal, morte à Pathavam le 27 décembre 1683, enterrée au couvent des capucines de Lisbonne.

1. *Moncornet* exc. Octogone. In-4.

2. Chez *Bertrand*. In-4.

3. *De l'Armessin* sculpebat, 1681. In-4.

SCHABOL (Jean-Roger), diacre du diocèse de Paris, agronome, né à Paris en 1690.

J. *Robert* del., Vin. *Vangelisty* sculp. In-8. Pour la Théorie du jardinage. Paris 1774, *de Bure* frères.

SCHALLER (Wolffgang), pasteur du premier temple souverain de Strasbourg, élu en 1612, mort en 1638.

Isaac *Brunn* excudit. In-8.

SCHALLER (Jacques), docteur en théologie et professeur à l'académie de Strasbourg en 1651, de son âge quarante-sept, né en 1604 à Heligenstein près Strasbourg, mort en 1676.

P. *Aubry*. In-8.

SCHATZ (Jean-Jacques), directeur et bibliothécaire du gymnase de Strasbourg, âgé de quarante-trois ans.

J. Jon. *Michaelis* pin., *Sysang* sc. Lips., 1736. In-8.

SCHEID (Jean-Valentin), médecin et professeur à Strasbourg, né dans cette ville en 1651. Il y est mort le 20 mai 1731, âgé de quatre-vingts ans et dix-huit jours.

N. In-fol. En manière noire. D. à g. Au bas huit lignes de texte en latin, la dernière finit par 18 *dierum*.

SCHEIDLIN (Marc de), noble patricien de Lindau, marchand de Lyon, etc., né à Lyon le 7 août 1696, mort à Lindau le 1ᵉʳ novembre 1762.

M.-F. *Kleinert* pinx., J.-Jacob *Haid*. Aug. Vindel. Grand in-fol.

SCHMIDBERG (Louis de), maréchal de camp au service du roi de France.

Peter *Aubry* sculpsit. In-8.

SCHNEIDER (Jean-Balthazar), né à Colmar, plénipotentiaire pour le traité de paix de Munster.

1. Anselmus *van Hulle* pinxit, Pet. *de Jode* fecit, 1650. In-fol.

2. N. In-4. Copie du précédent. Au bas quatre lignes de texte en latin.

SCHOTTERLIN (Wolffgang), né à Philipstatt en 1521, sénateur de Strasbourg en 1560, consul en 1572, etc., mort en 1612, âgé de quatre-vingt-onze ans neuf mois trois jours.

N. In-4. Dans un carré. D. à dr. Coiffé d'un chapeau. Au-dessus de la gravure ses titres. Au bas quatre vers latins qui commencent par *Wolffgangus* et finissent par *pater*.

SCHRAG (Jean), secrétaire de la ville de Strasbourg, où il est né le 24 janvier 1645, mort le 29 mars 1707 à Rotembourg sur le Tauber.

Peter Frantz *Tassaert* del., Bernard *Vogel* sculp. Aug. Vind. In-fol.

SEBISH (Melchior), docteur en médecine, archiatre de la ville et professeur à l'académie de Strasbourg, né en Silésie en 1539, mort à Strasbourg en 1625, âgé de quatre-vingt-six ans.

1. Jacob *ab Hedyen* fecit. In-8. Æt. suæ 74, Aᵒ 1613.

2. N. En petit. D. à dr. Au bas ces deux lignes : Melchior Sebizius, | medic. prof. Argentorat.

SEBISH (Melchior), fils du précédent, archiatre ordinaire et professeur de médecine à Strasbourg, sa ville natale, où il remplaça son père. Il mourut dans cette ville en 1674.

P. *Aubry* excud. In-8.

SECHELLES (Mme DE).

L.-C. *de Carmontelle* delineavit, *de Lafosse* sculpsit, 1763. In-fol. Sur une feuille, avec Mme de Hérault, sa belle-mère. Elle est à dr.

SEDAINE (MICHEL-JEAN), homme de lettres, secrétaire perpétuel de l'académie royale d'architecture, né à Paris en 1719, mort dans la même ville en 1797.

1. J.-L. *David* pinx., 1772, P.-Car. *Levesque* sculp. In-4.

2. Aug. *de Saint-Aubin* inv. et sc. In-8. De profil à dr. Dans un titre.

3. *Mehu* del., *Villerey* sculp., 1824. In-8.

4. N. Sur une feuille. In-8. Avec Lalande et Gaviniés.

5. N. Sur une feuille. In-8. Avec Lalande, Gaviniés et Martini.

6. *Maurin* del. Lith. In-4.

SEGUSE (HENRI DE). V. BARTHOLOMÆIS.

SEISSEL (CLAUDE DE), évêque de Marseille, né à Aix en Savoie vers 1450, mort à Turin en 1520.

N. In-fol. Dans *Montfaucon*. Il présente à Louis XII sa traduction de *Thucydide*.

SELLINGER (FRÉDÉRIC), de Strasbourg.

N. sc. In-8. Dans une bordure ovale, sur laquelle on lit : *Fredericus Sellingerus Argentoratensis, æt.* XXVI, A° 1640, SS. th. lic. Il est D. à dr.

SELVE, surnommé DE MONTYRAC (PIERRE DE), né à Montyrac, diocèse de Limoges, chanoine et trésorier de l'église cathédrale de Bayeux, évêque de Pampelonne, puis créé cardinal en 1356 par Innocent VI, mort en 1385 à Avignon.

N. In-4. Dans l'Histoire des cardinaux françois de *Duchesne*.

SELVE, surnommé DE MONTYRAC (RAYNULPHE DE), parent du précédent, et comme lui né en Limousin, fut évêque de Sisteron et créé cardi-

nal le 18 septembre 1378, par le pape Urbain VI mort à Rome le 15 août 1382.

1. N. In-4. Dans l'Histoire des cardinaux françois de *Duchesne*.

2. En petit. Au bas : *Raynulphe de Montyrac.*

SERRALIER (N.).

L. G. (Léonard Gaultier). In-18. Au bas ce vers :

> Le vif crayon de Serralier sauuant,
> N'est pas ici mais en l'esprit viuant.
> Bien que tu vois cette pourtraiture,
> Emprains Pallas, Thémis et Mercure.
>
> *Par Fr. DE BELLEFOREST.*

SERRES (LOUIS DE), docteur en médecine, né en Dauphiné : *anno æt.* 37.

Huré fe. En petit. Avec divers personnages. Dans le titre in-fol. intitulé : *les OEuvres pharmaceutiques* du s^r Jean Renou. Lyon, 1627.

SERRES (OLIVIER DE), seigneur du Pradel, auteur du *Théâtre d'agriculture*, né en 1539 à Villeneuve-de-Berg en Vivarais, mort le 2 juillet 1619, âgé de quatre-vingts ans.

1. Peint par son *fils* en 1599, gravé par *Miger* In-8.

2. *Monsiau* del., *Devilliers* sculp. In-8.

3. B^y *Roger* sc. In-8.

4. *Dequevauvillers* sc. In-8.

5. N. In-8. Au trait. Dans un ovale à claire-voie. Au bas cette ligne : *O. de Serres*.

6. J.-F. *Garnerey* del., *Victor* sculp. In-18.

7. *Gautherot* del. Lith. In-4.

8. N. In-fol. Lith. de *Langlumé*.

SILLINEN (JODOC), de Lucerne, évêque de Grenoble et de Sion, conseiller du roi Louis XI, mourut à Rome en 1497.

Texier sculp. In-18.

SILVESTRE II. V. SYLVESTRE.

SIMIANE (C.-I.-JOSEPH DE), évêque et comte de

Saint-Paul-Trois-Châteaux, prince de Chabrières, abbé et comte de Saint-Pierre-sur-Dive, était doyen de l'église collégiale de Saint-Agricole d'Avignon lorsqu'il fut nommé évêque en 1717, sacré en 1718, et nommé abbé en 1723.

Jac. *Coelemans* sculpsit Aquis Sextiis, 1724. In-fol.

SIMON, religieux bénédictin, prieur de la Charité-sur-Loire, nommé en 1294 cardinal du titre de Sainte-Balbine par le pape Célestin V. Il mourut à Rome 1296.

1. N. In-4. Dans l'Histoire des cardinaux françois de *Duchesne*.

2. In-8. Dans l'Histoire des cardinaux de l'abbé *Roy*, tome IV.

SOISSONS (Mme DE), Angélique-Cunégonde de Montmorency-Luxembourg, fille de François de Montmorency, duc de Luxembourg, pair et maréchal de France, et de Madeleine-Bonne-Thérèse de Clermont, duchesse de Luxembourg, mariée le 7 octobre 1694 à Louis-Henri de Bourbon-Soissons, dit le *chevalier de Soissons*.

Chez A. *Trouvain*. In-fol. En pied.

SOLUTIVE (BARTHÉLEMY), récollet.

N. sc. In-8. Dans le titre de : *La lumière de l'âme qui aspire à la perfection*, etc.

SORET (G.-J.), avocat au parlement, censeur royal, de l'académie de Nancy.

Peint par Mme *de Vaupré*, gravé par Ch.-E. *Gaucher*. In-18.

SPECKLE (DANIEL), architecte de Strasbourg, né en 1536, mort à Strasbourg en 1589.

Jo.-Théodor. *de Bry* fecit. In-4.

SPENER (PHILIPPE-JACQUES), ministre de l'église évangélique de Strasbourg, né en 1635 à Ribeauwiller en Alsace, mort à Berlin le 5 février 1705.

1. Pet. *Schenck* fec. et exc., Amstelod. In-fol.

2. Joh.-Heinr. *Schwartz* pin., Johann. Georg. *Wolffgang* sc., à Berlin. In-fol.

3. Josephus *à Montalègre* sculpsit, à Nuremberg. In-4.

4. Joseph. *à Montalègre* delin. et sculpsit. In-4. Buste. Avec emblèmes.

5. Daniel *Thielin* pinxit, Philipp. *Kilian* sc. In-fol.

6. N. In-fol. En manière noire. D. à dr. Au bas quatre lignes, voici la première :

D. Philipp. Jacob. Spener.

7. N. Ovale. In-4. D. à dr. Au bas quatre lignes finissant par *denat.* 1705.

SPINOLA (AURÉLIE). V. VALENTINOIS.

STADEL (JOSIAS), consul de la ville de Strasbourg, où il est né le 25 septembre 1627, mort le 22 mai 1700.

J.-A. *Seüpel* del. et sculp. In-fol.

STANDONCH (JEAN), docteur de Sorbonne et de la faculté sacrée de Paris, recteur de l'université, restaurateur du collége de Montaigu, né à Malines le 16 août 1443, mort à Paris le 5 février 1504.

J.-C. *Robin* pinx., J.-B. *Guiard* sculp. In-fol.

STÖSSER (GODEFROY), professeur ordinaire de Pandectes à l'académie de Strasbourg en 1668, de son âge 33, né en 1635, mort en 1675.

Pet. *Aubry* sc. In-4.

SUDRÉ (GUILLAUME), naquit à Brives-la-Gaillarde, entra dans l'ordre des dominicains dans un couvent de cette ville, fut nommé provincial de son ordre en Languedoc, puis évêque de Marseille, et créé cardinal le 18 septembre 1366 par le pape Urbain V.

N. En petit. D. à dr. Au bas : *Guillaume Sudré*.

SUE (JEAN-JOSEPH), professeur et démonstrateur aux écoles royales de chirurgie, de l'académie royale de peinture et sculpture, conseiller du comité perpétuel de l'académie royale de chirurgie, de la société royale de Londres, censeur royal et chirurgien-major de la Charité, né en 1710, mort à Paris le 10 décembre 1792.

1. *Binet* del., *Lebeau* sculp. In–4.

2. A. *Pujos* del., 1775, N. *Pruneau* sculpsit. In–4. D. à g.

3. A. *Pujos* del., 1775, N. *Pruneau* sculpsit. In–4. D. à dr.

4. Mme *Pinson* pin., *Fremy* del. et sc. In–8.

SURGÈRES (Hélène de), maîtresse de Ronsard.

1. Cl. *Mellan* f. In–4.

2. N. In–8. Sur bois.

Dans ces deux gravures elle est en regard de Ronsard. Autour des médaillons on lit : *Carpitque et carpitur una*, et au bas :

> L'art, la nature exprimant,
> En ce pourtrait me fait belle.
> Mais si ne suis- je poinct telle
> Qu'aux escrits de mon amant.

SUVÉE (Joseph-Benoit), peintre, membre de l'académie royale de peinture et professeur, nommé en 1792 directeur de l'école française à Rome, né à Bruges en 1743, mort en 1807.

Suvée pinx., *Hauer* sculp. In–4.

SYLVESTRE II (Gerbert, pape sous le nom de), né en Auvergne, fut moine à Aurillac, archevêque de Reims, puis de Ravenne, et enfin élu pape ; mort le 12 mai 1003.

1. N. In–8. Dans *Cavallerüs*.

2. N. In–12. Sur bois. Dans l'Histoire des papes d'André *Duchesne*.

3. N. In–4. Dans l'Histoire des cardinaux fran-°çois de François *Duchesne*.

4. N. sc. In–fol. Assis. D. à g. Au bas : *Silvestre II Cæsius Aquitanus pont. max.*

5. N. sc. In–8. D. à dr. Au bas quatre lignes finissant par *dies* 25.

6. N. In–8. Dans l'Histoire des papes de l'abbé *Novaes*.

7. Dessiné par *Pingret*, gravé par *Allais*. In–4. Assis.

8. N. In–4. Lith. de *Motte*.

T

TAILLEMONT (C. de), Lyonnais (1553).

N. In–8. Sur bois. D. à dr. Dans un ovale à claire-voie formé de deux tailles séparées. Entre ces deux tailles à dr. et à g. on lit : *devoir, devoir*. Dans la courbe du haut, en dedans NA. ZG. Au bas ces vers :

> Si vos vertus méritent loz avoir
> Et du futur atteindre la mémoire,
> Voyez ici, dames, pour votre gloire,
> Le trait du vif qui fait DEVOIR, DEVOIR.

TALARU (Jean de), doyen, grand custode, chanoine et comte, puis archevêque de Lyon, et créé cardinal.

N. In–4. Dans l'Histoire des cardinaux françois par François *Duchesne*.

TALLEYRAND DE PÉRIGORD (Élie de), abbé de la Chancelade, fut nommé évêque d'Auxerre en 1328 par Jean XXII, et créé cardinal en 1331 par ce même pape. Il mourut à Avignon le 17 janvier 1374, âgé de soixante-quatre ans.

1. N. sc. In–4. Dans l'Histoire des cardinaux françois de François *Duchesne*.

2. N. sc. In–8. Dans l'Histoire des cardinaux françois de l'abbé *Roy*, tome IX.

TARANTAISE (Pierre de). V. Innocent V.

TARGET (Gui-Jean-Baptiste), célèbre avocat, né à Paris le 6 décembre 1733, reçu avocat au parlement en 1752, élu membre de l'Académie française en 1785, nommé député de la vicomté et prévôté de Paris en 1789, conseiller à la cour de cassation en 1798, puis membre de la Légion d'honneur. Il mourut en 1807.

1. *Notté* del., *Godefroy* direx. In–fol. En pied. Sur une feuille, avec Elie de Beaumont et Damade-Beller. Il est sur le troisième plan.

2. Peint par *Boze*, gravé par B.-L. *Henriquez*. In–fol.

3. *Pujos* del., *Vinsac* sculp. In-4.

4. Chez *Basset*. In-4. D. à g.

5. Chez *Levachez*. In-4. D. à dr.

6. *Labadye* del., *Courbe* sculp. In-8. *Dejabin*.

7. *Vérité* sculp. In-8. D. à dr.

8. Ambroise *Tardieu* direxit. Type du numéro 2.

9. N. In-12. D. à dr. Au bas trois lignes finissant par *Paris*.

10. Chez *Basset*. In-12. D. à-dr.

11. N. In-18. D. à dr. Sur la tablette trois lignes finissant par *Paris*.

Portraits en pied.

12. N. In-4. Chez *Chereau*.

13. Chez *Chereau*. In-4. Plus grand. Au bas trois lignes finissant par *Paris*.

Il existe aussi plusieurs *caricatures*.

TELIGNY (CHARLES, comte DE), seigneur de Lierville, du Chastellier et de Montreuil-Bonin, gentilhomme ordinaire de la chambre du roi, lieutenant de la compagnie de l'amiral de Coligny, dont il épousa la fille, nommée Louise, le 26 mai 1571. Il fut massacré à la Saint-Barthélemy en 1572.

N. In-8. Sur bois. Dans les Hommes illustres de *Théodore de Bèze*. Au-dessus on lit : *Dominus Tellinius*. Portrait *rare*.

TELLIER (MARGUERITE LE), fille de Michel-François marquis de Louvois, a épousé le 20 avril 1694 Louis-Nicolas de Neufville, duc de Villeroy, morte le 23 avril 1711.

1. Chez *Bonnart*. En pied. In-fol.

2. Chez *Trouvain*. En pied. In-fol.

3. Chez *Crepy*. In-12. Avec ornement. Dans la courbe du haut on lit : *La duchesse de Villeroy*.

TELLIER (MICHEL-FRANÇOIS LE), marquis de Courtenvaux, né le 15 mai 1663, nommé capitaine des Cent-Suisses de la garde du roi en 1688, fait mestre de camp du régiment de la reine, mort à Ancy-le-Franc le 11 mai 1721.

N. In-fol. En pied. Pour le sacre de Louis XV. En costume de capitaine des Cent-Suisses. La gravure porte : *Le marquis de Courtenvaux*.

TELLIER (FRANÇOIS-CÉSAR LE), marquis de Courtenvaux, comte de Tonnerre, baron d'Ancy-le-Franc et de Montmirail, seigneur de Baugy et autres lieux, capitaine colonel des Cent-Suisses de la garde ordinaire du roi, fils du précédent et d'Anne-Louise de Noailles, né à Paris en 1718, nommé membre de l'académie des sciences en 1765, mort en 1781.

Patas sc. In-8. Pour le sacre de Louis XVI. Au bas on lit : *Habillement du capitaine des Cent-Suisses de la garde du Roy*.

TENCIN (CLAUDINE-ALEXANDRINE GUÉRIN, dame DE), romancière, née à Grenoble en 1681, morte à Paris en 1749.

1. *De Troyes* pinx., *de Launay* le jne sculp. In-18.

2. N. In-8. Ovale. Au pointillé. Au bas trois lignes finissant par 1749.

3. Bʸ *Roger* sc. In-8.

4. *Dequevauvillers* sc. In-8.

5. *Forssell* sculpᵗ. In-12.

6. *Roger* del., *Landon* direx. In-12.

7. Lith. In-12. Dans un carré formé de deux traits.

TERRAY (JOSEPH-MARIE, abbé), né en 1715 à Boen (Loire), nommé abbé de Molesme en 1764 et de Troarn en 1773, ministre d'Etat, secrétaire des ordres du roi, contrôleur général des finances de 1769 à 1774, directeur et ordonnateur des bâtiments de sa majesté, jardins, arts, académies et manufactures royales, seigneur de la Motte, Tilly et autres lieux, mort à Paris en 1778.

Portraits dirigés à droite.

1. Dessiné et gravé par *Lebeau*. In-8.

2. Chez *Esnaut* et *Rapilly*. In-8.

3. In-12. Avec quatre vers finissant par *bourreau*.

Portraits dirigés à gauche.

4. In-18. Sur la tablette *M. l'abbé Terray*.

5. In-18. Plus petit. Mêmes observations.

6. En petit. Numéro 46. Pour les Mémoires historiques.

Tous ces portraits ont le même type.

7. Peint par *Roslin* en 1774 , gravé par L.-J. *Cathelin*. In-fol.

TESSÉ (Henriette-Marthe de Froulay) , fille du comte de Tessé, lieutenant général, a épousé M. le comte de Mauleuvrier Colbert, chevalier des ordres du roi et lieutenant général.

Chez *Bonnart*. En pied. In-fol.

TESTE (Guillaume), né à Condom (Gers), nonce en 1308 du pape Clément V en Angleterre , créé cardinal le 3 décembre 1312 par ce pape. Il mourut en 1336.

1. N. In-4. Dans l'Histoire des cardinaux françois de François *Duchesne*.

2. N. In-8. Dans l'Histoire des cardinaux françois de l'abbé *Roy*.

THEVENET D'ANTOINE, dit *le Turc*.

N. In-fol. Dans un encadrement rond. D. à g. Ses noms sur la face du support et au bas du cadre la coiffure de Mercure.

THIBAUD (Portrait véritable du V. P. Philippe), principal auteur de la réforme des carmes de la province de Touraine et observance de Rennes, décédé l'an 1638, de son âge soixante-trois.

1. *Landry* fecit. In-4. Avec les titres ci-décrits.

2. *Landry* sculp., 1673. In-8.

3. Cl. *Mellan* sc. In-8.

4. N. In-8. D. à dr. Avec cinq lignes qui commencent par *Vera effigies* et finissent par *æt.* 63.

THIBAULT DE CHANVALON (Jean-Baptiste-Mᶜᵘ), intendant de Cayenne et de la Guyane.

Dessin in-fol., par Jⁿ-Bᵗᵉ *Garand*, 1763. B. P. R.

THOMAS (Antoine-Léonard), littérateur, né en 1732 à Clermont en Auvergne, reçu membre de l'Académie française en 1766, mort à Oullins près Lyon en 1785.

1. *Cochin* del., *D**** sc. In-4.

2. C.-N. *Cochin* del., 1767 , Bʸ *Roger* sc. In-8.

3. N. pinxᵗ, *Landon* direx. In-12.

4. L. M. Lith. In-8.

THOMASSIN (Vincent), *liberalium artium sedulus amator*.

May 1769, *Moyreau* ad vivum del. et sculpsit. In-4.

TOCQUÉ (Louis), peintre, ordinaire du roi conseiller de l'académie royale de peinture et sculpture, etc., né à Paris en 1696, mort en 1772.

Peint par J.-M. *Nattier*, gravé par L.-J. *Cathelin*. In-fol.

TOLOZAN DE MONTFORT (Messire), prévôt des marchands et commandant de la ville de Lyon.

C. *Boily* sculp. In-4.

TONELLI (Mˡˡᵉ), musicienne.

Leglain pinx., L. *Lempereur* sculp. In-4. B. A.

TOUCHE (Philbert de la). V. La Touche.

TOUR D'AUVERGNE (Mauricette-Febronie de la), fille de Frédéric-Maurice de la Tour d'Auvergne, duc de Bouillon, et d'Eléonore-Catherine-Febronie de Bergh, née à Paris le 12 avril 1652, épousa à Château-Thierry, le 24 avril 1668, Maximilien-Philippe, prince palatin, duc de Bavière. Elle mourut de la petite vérole à Tuckeim le 20 juin 1706.

Herdegen *van Culm* p. , *Zimmermann* sc. In-fol.

TOUR D'AUVERGNE (Frédéric-Constantin de la), comte d'Oliergues, dit le *prince Frédéric*, né le 5 avril 1682, fut grand doyen de l'église de Strasbourg, abbé de Saint-Orient d'Auch , prieur du Pont-Saint-Esprit et de Nantua en 1704, et prieur commendataire de Sainte-Marie de la Charité-sur-Loire, au mois de décembre 1707 se démit de son abbaye de Saint-Orient d'Auch, et fut élu grand prévôt de l'église de Liége.

G. *Allou* p., S. *Thomassin* sc., 1714.

TOURVILLE (Mme la maréchale DE), Louise-Françoise Laugeois, veuve de Jacques Darot, marquis de la Popelinière, et fille de Jacques Laugeois, seigneur d'Imbercourt, secrétaire du roi, et de Françoise Gosseau, fut mariée le 15 janvier 1690, mourut le 11 octobre 1707.

Chez *Trouvain*. En pied. In-fol.

TOURVILLE (LUCIE DE), de Cotentin, marquise de Gouville, mariée le 26 juillet 1714 à Guillaume-Alexandre de Gallard de Béarn, comte du Brossac.

Chez *Berey*. En pied. In-fol.

TOUSSAIN (JACQUES), *Jacobus Tussanus,* savant helléniste, professeur de langue grecque à Paris, né à Troyes, mort vers 1547.

1. N. In-8. Sur bois. Pour les Hommes illustres de *Théodore de Bèze*. D. à dr.

2. N. In-8. Sur bois. Pour le même ouvrage. Les noms en latin au-dessus, et au bas sur une petite tablette. Il est D. à dr.

3. N. En petit. D. à g. Au bas ces deux lignes : JACOBUS TUSANUS, | prof. ling. græc. Paris.

4. En petit. Dans la Chronologie collée, numéro 121.

5. N. En petit. Copie à dr. du numéro 4.

TOUSSAIN (DANIEL), *Tossanus,* théologien protestant, né à Montbelliard en 1541, professa la langue hébraïque à Orléans et la théologie à Heidelberg, où il mourut en 1602.

1. Henri *Hondius* exc. Grand in-8.

2. Jacobus *Granthome* f. et exc. In-8.

3. P. D. Z. f., Hanov. In-8.

4. N. In-12. Dans un ovale à claire-voie. D. à g. Au bas : *D. Tossanus*.

5. N. In-8. D. à dr. Les noms en latin sur la bordure et au bas six vers latins qui finissent par *facit*.

Tous ces portraits sont coiffés d'un chapeau.

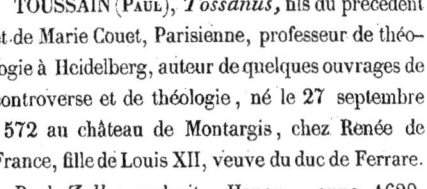

TOUSSAIN (PAUL), *Tossanus,* fils du précédent et de Marie Couet, Parisienne, professeur de théologie à Heidelberg, auteur de quelques ouvrages de controverse et de théologie, né le 27 septembre 1572 au château de Montargis, chez Renée de France, fille de Louis XII, veuve du duc de Ferrare.

Paul *Zeller* scalpsit, Hanov., anno 1629. In-8.

TOUZAY DU CHENTEAU (J.), né le 2 août 1741 à Paris.

1. N. In-4. D. à g. Dans un médaillon rond. Les noms ci-dessus sur la tablette forment deux lignes. A g. du médaillon, sur des papiers, on lit : *cartes, mathématiques,* à dr. on voit trois livres.

2. N. sc. In-fol. De profil à dr. *Le monde sensible.*

TRELCATIUS (LUCAS), *Pater,* professeur de théologie, né en 1542 à Erain dans l'Artois, professa dans diverses villes de France, se retira à Leyde où il mourut âgé de soixante ans, après y avoir professé dix-sept ans.

1. N. In-8. Dans *Meursius*. D. à dr. Sur la bordure on lit : *Lilium inter spinas.*

2. H. *H.* exc. Grand in-8.

3. Publié par *Vander* Aa. In-fol.

4. In-8. D. à g. Dans le haut : *Lilium inter spinas.*

5. In-8. D. à g. Au bas on lit, ainsi qu'aux numéros 1, 3 et 4 :

Lucas Trelcatius Pater, | theologiæ professor.

TRÉMOILLE, TRÉMOUILLE OU TRIMOUILLE.

TRÉMOUILLE (LOUIS II DE LA), vicomte de Thouars, prince de Talmond, comte de Guynes et de Benaon, baron de Sully, de Craon et Montagu, de l'île Bouchard et de Mauléon, seigneur des îles de Rhé et de Marans, général des armées du roi de France en Italie, chevalier des ordres et premier chambellan du roi, gouverneur de Bourgogne, lieutenant général des provinces de Poitou, d'Angoumois, de Saintonge, d'Aunis, d'Anjou et de la Marche de Bretagne, amiral de Guyenne et de Bretagne, ambassadeur auprès de l'empereur Maximilien et du pape Alexandre VI, fut honoré du nom de *chevalier sans reproche.* Né le 20 septembre 1460, tué à la bataille de Pavie le 24 février 1524.

Portraits dirigés à droite.

1. N. In-4. Dans *Thevet.*
2. N. In-8. Dans *Thevet.*
3. N. En petit. Copie du numéro 7.
4. *Sergent* del. et sculp., 1788. In-4.
5. In-fol. Dans la Galerie du Palais-Cardinal.
6. In-8. Copie du numéro 5.

Portraits dirigés à gauche.

7. En petit. Dans la Chronologie collée, numéro 6.
8. In-4. En Hollande. Type du numéro 1. Les noms sur la bordure. Au-dessous deux lignes en hollandais.
9. In-8. Copie du numéro 5.
10. *Julien* lith. In-4.
11. In-8. Dans *Montfaucon. Le sire de la Trémouille.*
12. In-8. En pied. Type du numéro 11. Il porte le prénom de François.

Aux numéros 11 et 12 le personnage porte barbe et le type est différent des autres, ce qui peut faire croire que *Montfaucon* a dû commettre une erreur de personnage.

GABRIELLE DE BOURBON, sa femme, fille de Louis Ier, comte de Montpensier, et de Gabrielle de Latour, mariée à Montferrant le 14 juillet 1485, morte au château de Thouars en Poitou le 30 novembre 1516, enterrée dans l'église collégiale de Notre-Dame.

1. N. In-8. Dans *Montfaucon.*
2. N. In-8. En pied. Costume numéro 106.

TRÉMOILLE (FRÉDÉRIC-GUILLAUME DE LA), prince de Talmond, comte de Taillebourg, seigneur du duché de Châtellerault, gouverneur de Sarrelouis, né en 1658, fut premièrement abbé de Charroux et de Sainte-Croix de Talmond, nommé lieutenant général en 1710, frère de M. le duc de la Trémoille et colonel d'un régiment de cavalerie.

Chez *Bonnart.* En pied. In-fol.

TREVELEC (Portrait de M. DE), tiré d'un vitrail.

J.-Phil. *Charpentier* sculp. In-8. Portrait dans une gravure in-4.

TREYSSAC DE VERGY (PIERRE-HENRY), avocat au parlement de Bordeaux.

N. In-4. Publié à Londres, le 4 février 1775, chez *Humphrey Gerrard.*

TRICHET (MARIE-LOUISE), dite sœur *Marie-Louise de Jésus,* première supérieure des filles de la Sagesse, morte à Saint-Laurent le 28 avril 1759.

Gravé par E. *Voysard.* In-8.

TRINQUERRE DE LA GREFFE (Le R. P. ANTOINE), prédicateur du roi, premier père de la province de Saint-Louis de l'Observance.

J. *Cundier* deline. et sculpebat Aquensis, 1681. In-fol.

TRISTANT (VICTOR), économe du château royal de Bicêtre.

C.-N. *Cochin* filius, 1770, C. *Baron* sculp. In-4.

TROUCHET (PAUL), minime, né à Arles (*Paulus* TROUCHET, *ordinis minimorum, apud Arelatos natus, cœlo datus*).

J. *Cundier* sc. In-8.

TRUDAINE DE MONTIGNY (JEAN-CHARLES-PHILIBERT), conseiller d'Etat, intendant général des finances, né en 1733, à Clermont en Auvergne (Puy-de-Dôme), mort en 1777.

1. L.-C. *de Carmontelle* del., 1761. In-fol. Le personnage est assis, vu de profil, D. à g., lisant dans un livre appuyé sur ses genoux.

2. C.-N. *Cochin* del., Aug. *de Saint-Aubin* sculp., 1774. In-4.

TURLUPIN (Henri Legrand, dit), comédien de l'hôtel de Bourgogne, connu aussi sous le nom de *Belleville*.

Huret invenit, *Rousselet* fecit, *Mariette* exc. In-fol. En pied.

Turlupin, d'une humeur plaisante, etc.

TURPIN DE CRISSÉ (Lancelot, comte de), lieutenant général, célèbre tacticien, membre de plusieurs académies, né en Beauce en 1715, mort en Allemagne.

Cazenave inv., *Andouart* sc. In-fol. Médaillon, avec celui de Montécuculli, dans le titre des Commentaires sur les mémoires de ce dernier.

TYSSOT (Simon), sieur de Patot, professeur ordinaire de mathématiques à Deventer, né en 1655.

Cl. *Duflos* sc. In-8.

U

ULGER, évêque d'Angers.

S. *Stuerhelt* scul. In-8. Le personnage est en pied, vu de face, il tient dans la main gauche sa crosse, a le bras droit tendu et la main ouverte.

UNSELT (M. Joh. Philipp.), pasteur de Saint-Guillaume de Strasbourg en 1737, âgé de soixante-cinq ans, y prêcha pendant quarante ans.

J.-M. *Weis*, Argent. sc., 1737. In-4.

URBAIN II (Eudes de Lagery ou de Chastillon), nommé évêque d'Ostie par Grégoire VII, élu pape en 1087, né à Châtillon-sur-Marne, mort à Rome en 1099.

1. N. In-8. Dans *Cavalleriis*.

2. N. In-12. Sur bois. Dans l'Histoire des papes d'André *Duchesne*.

3. J. *Picart* incidit. Petit portrait en pied. Dans le titre in-fol. de l'Histoire de la maison de Chastillon-sur-Marne par André *Duchesne*, Paris, Sébastien *Cramoisy*, 1621.

4. N. In-8. De trois quarts à dr. Au bas quatre lignes finissant par *dies* 14.

5. N. In-4. Dans l'Histoire des cardinaux françois de François *Duchesne*.

7. N. In-8. Dans l'Histoire des cardinaux françois de l'abbé *Roy*.

URBAIN IV (Jacques-Pantaléon), né à Troyes, fut archidiacre de Laon, évêque de Liége, de Verdun, légat en Allemagne, en Orient, en Poméranie, en Prusse, et enfin élu pape en 1261, mort à Pérouse en 1264.

1. N. In-8. Dans *Cavalleriis*.

2. N. In-12. Sur bois. Dans l'Histoire des papes d'André *Duchesne*.

3. N. In-4. Dans l'Histoire des cardinaux françois de François *Duchesne*.

4. N. In-8. Dans l'Histoire des papes de l'abbé *Novaes*.

5. Ch. *Fichot* lith. In-4.

URBAIN V (Guillaume Grimoard de Grisac), successivement abbé des abbayes de Saint-Germain d'Auxerre et de Saint-Victor de Marseille, puis créé cardinal, enfin élu pape en 1362, mort en 1370 à Avignon.

1. N. In-8. Dans *Cavalleriis*.

2. N. In-12. Sur bois. Dans l'Histoire des papes d'André *Duchesne*.

3. N. In-4. Dans l'Histoire des cardinaux françois de François *Duchesne*.

4. N. In-8. Dans l'Histoire des papes de l'abbé *Novaes*.

URIOT, bibliothécaire et professeur de littérature française au service de S. A. S. M^er le duc régnant de Wurtemberg.

A Augsbourg, peint et gravé par Jacques *Mettenletter*. In-fol.

USSÉ (N., marquis d').

Heudelot del. et sculp., 1764. In-4.

Disputeur implacable, il n'en est pas moins doux.
Malgré tout son esprit et son cœur trop sincère,

Il n'eut point d'ennemis, il n'eut point de jaloux.
Pourquoi ? C'est qu'il sçut toujours plaire.

V

VAILLANT (WALLERANT), peintre, graveur au burin et en manière noire, né à Lille en 1623, mort en 1677.

1. W. *Vaillant* fecit. In-fol. D. à g.

2. C. *Eisen* del., *Ficquet* sculp. In-8. Dans l'Histoire des peintres par *Descamps*.

VAILLANT (MARIA).

W. *Vaillant* pinxit, A. *Blooteling* exc. In-fol.

VALBELLE (COSME DE), chevalier, seigneur de Beaumelle, etc., capitaine de cent hommes d'armes et d'une galère du roi, tué au combat de Gênes, le 1er septembre 1638, âgé de soixante-deux ans.

N. In-8. D. à g. Au bas les titres ci-décrits.

VALENTINOIS (MARIE-AURÉLIE SPINOLA, duchesse DE), fille de Lucien Spinola et de Beline Spinola, mariée à Hercule de Grimaldi, deuxième du nom, marquis de Baux, mort en 1651. Son père mourut le 10 janvier 1662. La gravure la représente à l'âge de quarante-cinq ans, et lui donne le titre de duchesse de Valentinois, titre qu'elle n'a dû prendre qu'en 1662.

S. *Isabella* p. f. In-8.

VALETTE (JEAN PARISOT DE LA), quarante-huitième grand maître de Malte, né en 1494, en Languedoc, après avoir rempli toutes les charges de l'ordre, fut élu grand maître le 21 août 1557. Il mourut à Malte le 15 août 1568.

1. Mattias *Zynndt* ex. A° 1566, Nuremberg. In-fol. Il est de profil à g.

2. Anno 1567, DNCO *Zeno* f. In-4. Profil à g.

3. DNO *Zeno* sc. In-4. Profil à dr.

4. *Marchom.* In-4. Profil à g.

5. N. In-4. Profil à g. Dans un octogone, avec emblèmes. Au-dessous : *Si Deus pro nobis quis contra.*

6. N. In-4. De profil à dr. Les noms en latin, sur la bordure. Au bas deux vers finissant par *sinit.*

7. N. In-4. Copie. Les noms en latin sur la bordure. Au bas deux lignes en hollandais.

8. N. D. à dr. Médaille et revers. Sur une feuille in-4.

9. *Cars* sc. In-4.

10. In-4. D. à g. Publié en 1804 par *Robinson.*

11. Deux médailles et revers, de profil à dr., sur la même feuille.

12. Ant. *Lafreri* formis Romæ. De profil à g. In-fol.

13. Ph. *Thomassinus* sc. In-8. De profil à g. Sur une feuille, avec D. de Sainte-Jaille, J. de Homède et C. de la Sangle.

14. N. In-8. Copie. De profil à dr.

15. N. In-8. De profil à g. Dans un écusson. Au bas son nom, et sur la tablette trois lignes finissant par *nomen.*

16. N. In-8. Dans un cercle. De profil à g. Au bas vingt et une lignes italiennes finissant par *nel* 1568.

17. *Denon* sc. In-8. De profil à dr.

18. N. pinx., *Landon* direx. In-12.

19. N. En petit. Dans la Chronologie collée, numéro 29.

20. Copie à dr. du numéro 19.

21. N. En petit. Sur une feuille à 56 publiée en Italie.

VALLAYER COSTER (ANNE), de l'académie royale de peinture et sculpture en 1770, dessiné par elle-même.

Anne *Vallayer* del., C.-F. *Letellier* sculp. In-4.

VALLERIOLE (FRANÇOIS), médecin, né à Montpellier dans le commencement du xvie siècle, exerça son art à Valence, à Arles, puis à Turin, où il mourut en 1580.

N. In-8. Sur bois. D. à g. Dans un ovale. Avec ornements. Sur la bordure on lit : *Franciscus Valleriola, anno ætatis* LVII.

VANIÈRE (Messire THOMAS-IGNACE DE), littérateur, né en 1696 au château de ses ancêtres, diocèse de Béziers, mort à Paris en 1768.

J.-F. *Benoist* sc. In-fol.

VARAGNE DE GARDOUCH (F. DE), marquis de Belesta, mestre de camp de cavalerie, enseigne des gendarmes de Berry.

Peint par *Crozat*, gravé par L.-F. *Baour*. In-4.

VASSAL (JEAN), secrétaire du roi en 1765.

V. *de Saint-Hubert* delineavit et sculpsit. In-4.

VAUX (NOEL DE JOURDA DE VAUX, comte DE), baron de la Roche et des états du Vélai, seigneur d'Artias, de la terre d'Yrouer et de Saintes-Vertus au duché de Bourgogne, etc., maréchal de France, grand-croix de l'ordre royal et militaire de Saint-Louis, gouverneur de Thionville, commandant en chef pour le service de S. M. dans la province du comté de Bourgogne, né en 1705 au château de Vaux, diocèse du Puy, mort à Grenoble le 12 septembre 1788.

1. N. In-fol. A cheval. D. à dr. Au bas : *M^r le comte de Vaux, l^t g^{al} commandant les troupes du roy de France en l'isle de Corse.*

2. In-8. Décoré d'un grand cordon, la main droite appuyée sur une canne. Au bas : *M^r le comte de Vaux.*

3. Dessiné et gravé par *Sergent*. In-4.

VENTADOUR (CHARLOTTE-ELÉONORE-MADELEINE DE LA MOTTE HOUDANCOURT, duchesse DE), gouvernante des enfants de France, fille de Philippe de la Mothe Houdancourt, duc de Cardonne, et de Louise de Prie, mariée le 14 mars 1671 à Louis-Charles de Lewis, duc de Ventadour, pair de France.

1. Chez *Bonnart*. En pied. In-fol.

2. Chez *Guerard*. En pied. In-fol.

3. Chez G. *Landry*. In-fol. Elle est assise, tient sur ses genoux Marie-Anne-Victoire d'Espagne, âgée de quatre ans.

4. Chez J. *Mariette*. En pied. In-fol.

VENY (N. DE), religieuse.

St. *Fessard* sculp., 1756. In-8. Au-dessous :

De VENY l'art en vain nous offre icy l'image,
Il ne rend que des traits qu'on aime à conserver ;
Mais au fond de nos cœurs d'avoir sçu la graver,
Voilà de ses vertus le sublime avantage.

VERDALE (HUGUES LOUBENS DE), cinquante et unième grand maître de Malte, né à Auch, ambassadeur à Rome, élu grand maître en 1582, créé cardinal en 1587, mort à Rome le 4 mai 1595.

1. N. In-fol. D. à dr., avec emblèmes. Au bas douze vers latins finissant par *manus*.

2. Ph. *Thomassinus*. In-8. De profil à g. Sur une feuille, avec P. Dumont et J. de la Cassière.

3. N. In-8. De profil à dr. Copie.

4. N. En petit. Sur une feuille à 56 publiée en Italie.

5. N. In-8. D. à dr. Dans les Eloges historiques de l'abbé *d'Alby*.

6. N. In-8. De profil à g. Dans un cercle. Au bas vingt lignes italiennes finissant par *uintuno*.

7. N. In-fol. A genoux aux pieds du pape Sixte-Quint. De profil à dr. Au bas huit vers latins.

8. N. In-fol. De profil à g. A peu près même composition que le numéro 7. Au bas les mêmes vers.

VERGIER (JACQUES), littérateur, conseiller du roi, successivement commissaire de la marine à Rochefort, Brest et Dunkerque, né à Lyon en 1657, assassiné à Paris le 16 août 1720, par le chevalier le Craqueur, de la bande de Cartouche.

1. P. *Clavereau* in., St. *Fessard* sculpt., 1750. Petit buste. Dans le titre in-18 de ses œuvres, Lausanne, *Briaconnet*, 1752.

2. N. In-18. D. à dr. Au bas trois lignes de texte finissant par *marine*.

VERLAC DE BASTIDE (Bernard-Louis), avocat au parlement de Paris.

Sylvestre del., Vin. *Vangelisty* sculp. In-4.

VERMONT (Charles-Toussaint de), conseiller du roi, et de l'académie royale de chirurgie, etc.

Mlle *Navarre* pinxit; au haut sculpsit et obtulit L.-F. *de Vermont.* In-fol.

VERNIER (Nicolas), nommé conseiller au grand conseil en 1746.

Peint par L.-M. *Vanloo,* gravé par S.-C. *Miger.* In-fol.

VERRI (N. de), auditeur de rote.

Cochin delineavit, C.-P. *de Tersan* fecit, 1763. In-4.

VIAL DE SAINBEL (Charles), écuyer du roi, professeur à l'école vétérinaire de Lyon, puis à Londres, né à Lyon en 1753, mort le 21 août 1793. Il est auteur de divers ouvrages imprimés à Londres.

Engraved by *Leney,* from an original painted in the possession of Mrs *Sainbel.* Petit in-4.

VIEL (Etienne-Bernard-Alexandre), prêtre de l'Oratoire, né le 31 octobre 1736, à la Nouvelle-Orléans, mort le 16 décembre 1821 au collége de Juilly.

1. C.-F. *Letellier* del. et sculp. In-4.

2. Dessiné par *Clayel* quelques jours avant sa mort; *idem,* après sa mort. Deux têtes en regard. Lith. par *Dubourjal.* In-4.

VIENNE (Loyse de), fille de Claude de Vienne et de Claudine du Châtelet.

N. sc. In-8. De profil à g. Dans un médaillon rond à claire-voie. Les noms en dedans. Au-dessous quatre vers latins qui commencent par *Qui priscas* et finissent par *ingenio.*

VIENNE (Nicole de), fille de Claude de Vienne et de Claudine du Châtelet.

N. sc. In-8. De profil à dr. Dans un médaillon rond à claire-voie. Les noms en dedans. Au bas quatre vers qui commencent par *De forma* et finissent par *Vienna tuos.*

VIENNOIS (Humbert II, dauphin de).

Gravé in-fol. par *Berey* le fils, d'après son tombeau qui était aux Jacobins de Paris. Cette gravure se trouve dans l'Histoire du Dauphiné par *Valbonnais.*

VIENNOIS (André, dauphin de), fils unique du précédent, mort d'une chute dans son enfance.

J. *Michel* delineavit et sculp. en 1749, à Avignon. In-fol. D'après le marbre du cabinet du marquis *de Suarès d'Aulan.*

VILLARET (Guillaume de), vingt-troisième grand maître de Malte, prieur de Saint-Gilles, élu grand maître en 1296, mort en 1308.

1. Ph. *Thomassinus* sc. Sur une feuille, avec J. de Villiers, O. de Pins et F. de Villaret. Il est de trois quarts à dr.

2. N. In-8. De trois quarts à g. Copie.

3. N. En petit. Sur une feuille à 56 publiée en Italie.

4. *Cars* sculp. In-4.

VILLARET (Foulque de), frère du précédent, vingt-quatrième grand maître de Malte, dernier de Jérusalem, premier de Rhodes, élu grand maître en 1308, abdiqua en 1323, se retira au château de Teiran, où il mourut en 1327.

1. Ph. *Thomassinus* sc. In-8. De trois quarts à g. Avec J. de Villiers, O. de Pins et G. de Villaret.

2. N. In-8. De trois quarts à g. Copie.

3. N. En petit. Sur une feuille à 56 publiée en Italie.

4. *Cars* sculp. In-4.

VILLARS (N.).

J. *Tardieu* effigiem sculpsit. In-fol.

Ah! c'est en vain, parures empruntées,
Que Villars fuit vos profanes secours;
En elle, hélas! les grâces sont restées.
Que je la plains, elle plaira toujours!

VILLAVELEU (M. DE LA).

N. In-18. Le personnage est assis, regarde à g.

VILLENEUVE (ELION ou HELION DE), vingt-cinquième grand maître de Malte, né en Provence vers 1270, élu grand maître en 1323, mort en 1346.

1. Ph. *Thomassinus* sc. In-8. De trois quarts à g. Sur une feuille avec M. de Pagnac, D. de Gozon et P. Cornilian.

2. N. In-8. De trois quarts à dr. Copie.

3. N. En petit. Sur une feuille à 56 publiée en Italie.

4. *Cars* sculp. In-4.

VILLENEUVE (ALEXANDRE-GASPARD DE), marquis de Vence.

J.-B. *Vanloo* pin., H. *Coussin* sculp. In-fol.

VILLENEUVE-VENCE DE SAINT-VINCENT (Dame JULIE DE), petite-fille de Mme de Sévigné.

1. Gravé in-4 par A. *Romanet*, d'après *Barthélemy*.

2. Copie. In-8. Dans le sens opposé.

VILLEPARISIS (Mme DE).

Dessin in-fol. B. R., collection des femmes.

VILLEQUIER. V. AUMONT.

VILLERS (CIRUS DE), évêque de Périgueux.

Humbelot sculp. In-fol. Le personnage est D. à g. Dans une bordure octogone. Aux quatre coins un chiffre formé des lettres C. D. V.

VILLETTE (N. LA), poëte.

J. *Picart* fe. In-8. Le personnage D. à dr., couronné de laurier, est dans une bordure ovale, sur laquelle on lit :

ΑΝΑΠΑΥΣΙΣ ΚΑΙ ΠΟΝΟΣ, ΠΟΝΟΣ ΚΑΙ ΑΝΑΠΑΥΣΙΣ.

VILLIERS (JEAN DE), vingt et unième grand maître de Malte, élu en 1288, mort en 1294.

1. Ph. *Thomassinus* sc. In-8. De profil à dr. Sur une feuille, avec O. de Pins, G. et F. de Villaret.

2. N. In-8. De profil à g. Copie.

3. N. En petit. Sur une feuille à 56 publiée en Italie.

4. N. In-8. Dans un cercle. Au bas dix-sept lignes italiennes finissant par *mag*.

5. N. In-12. Dans la Chronologie collée, suite des grands maîtres.

5. *Cars* sculp. In-4.

VILLIERS DE L'ISLE ADAM (PHILIPPE DE), quarante-troisième grand maître, premier de Malte, né à Beauvais en 1464, était grand prieur de France lorsqu'il fut élu en 1521, mort en 1534.

1. Ph. *Thomassinus* sc. In-8. De profil à dr. Avec G. de Blanchefort, F. Carrette et P. Dupont.

2. N. In-8. De profil à g. Copie.

3. N. En petit. Sur une feuille à 56 publiée en Italie.

4. N. En petit. Dans la Chronologie collée, numéro 141.

5. Copie du numéro 4, à g.

6. N. In-4. Dans *Thevet*.

7. N. In-8. Dans *Thevet*.

8. N. In-12. Dans la Chronologie collée, suite des grands maîtres.

9. C. *Audran* fecit. In-8. Profil à dr.

10. N. In-8. De profil à dr. Au bas vingt lignes italiennes finissant par *merito*.

11. *Cars* sculp. In-4.

12. *Sergent* del., M^{de} *Cernel* sculp. In-4.

VIS (La vénérable mère CATHERINE DE), correctrice des religieuses minimes à Abbeville, décédée le 29 septembre 1634, de son âge cinquante-cinq.

N. *Regnesson* fec. In-8.

VISINIER (GENEVIÈVE-ÉLISABETH), veuve de Jean-Baptiste-René Lelong, conseiller du roi en ses conseils, maître ordinaire en sa chambre des comptes.

J.-B. *de Bondy* del., 1774, S.-C. *Miger* sculp. In-4.

VIVARÈS (FRANÇOIS), graveur, né en 1709 à

Saint–Jean-de-Bruel en Rouergue, mort en 1780 à Londres, fut marié trois fois, eut trente-trois enfants de ses trois femmes.

N. In-4. Dans un médaillon rond. Avec ornements. Il est D. à dr.

VOLANGE (N.), comédien.

Touzet del., Louise *Brindaine* sculp. In-fol.

Le personnage est en pied. Il regarde sa main. Au bas de l'estampe, sur la gauche, on voit une lanterne; au-dessous de l'estampe on lit : *Ah! c'en est.*

VOYER (Antoine-Réné de), marquis de Paulmy, ministre d'Etat, membre de l'Académie française, né à Valenciennes en 1722, mort le 13 août 1787, fut commissaire général des guerres, ministre de la guerre, ministre des affaires extérieures, ambassadeur en Suisse, en Pologne et à Venise.

C.-L. *Carpentier* del., A. *de Saint-Aubin* sculp. In-4.

W

WALLISER (Christophe-Thomas), musicien célèbre, né à Strasbourg en 1568.

Agé de cinquante-sept ans. Jacob *ab Heyden* sculpsit. In-8.

WELPER (M. Eberhard), mathématicien de Strasbourg, âgé de soixante-deux ans en 1652.

P. *Aubry* sc. In-8.

WENCKER (Jacques), consul et un des treize de la république de Strasbourg, né dans cette ville le 22 octobre 1633, mort le 22 octobre 1715.

J.-A. *Seüpel* delin. et sculp. In-fol.

WIGNACOURT (Alophe de), cinquante-troisième grand maître de Malte, né en Picardie, était hospitalier de l'ordre lorsqu'il fut élu grand maître en 1601. Il mourut à Malte le 14 septembre 1622, âgé de soixante-quinze ans.

1. J. *de Fornazeris* lineavit et sculpsit. In-4. Dans le titre de l'Histoire des chevaliers de Saint-Jean de Jérusalem par *Boissat*, Lyon, Gᵐᵉ *Rouil* 1592.

2. N. In-8. De trois quarts à g. Ovale sur f᷎ marbré.

3. N. En petit. Sur une feuille à 56 publiée Italie.

4. N. In-4. D. à dr. Médaillon et revers. bas deux vers latins par *Gros de Saint-Joyre.*

5. Ph. *Thomassinus* fec. In-4. De trois qua᷎ à g.

6. N. In-8. De trois quarts à g. Dans un c᷎ cle. Au bas dix-neuf lignes italiennes finiss᷎ par 1622.

7. N. In-18. De trois quarts à dr., *ætat. suæ* ᷎ Les noms en latin autour, et sur la tablette de᷎ vers latins finissant par *decus.*

8. Mᵉˡ-Ange *de Caravage* pinx. En pied. In-᷎

9. Mᵉˡ-Ange *de Caravage* pinx., C. *Norma᷎* sc. En pied. In-8.

WIGNACOURT (Adrien de), soixante-deuxiè᷎ grand maître de Malte, neveu du précédent, né᷎ Beauvoisis, était trésorier de l'ordre lorsqu'il᷎ élu grand maître en 1690. Il mourut à Malte le᷎ février 1697.

1. F. *Coronelli* cosm., 1693. In-fol.

2. N. In-8. De trois quarts à dr. Dans un cerc᷎ Au bas dix-sept lignes italiennes finissant ᷎ *li giorni.*

4. *Cars* sculp. In-4.

WILLE (P.-A.), peintre et dessinateur, fils᷎ célèbre graveur de ce nom, mort en 1840.

P.-A. *Wille* filius, pictor regius, seipsum de᷎ neavit, Vin. *Vangelisty* sculp. In-8 (jeune).

WILLEMET (D.), professeur royal de botaniq᷎ et de chimie au collége de Nancy, doyen des a᷎ thicaires, des académies des sciences de Ly᷎ Dijon, etc.

J. *de Collin* del., C.-W. *Bock* sc. In-8.

WOEIRIOT (Pierre), dessinateur et graveur,᷎ en 1532 en Lorraine.

Gravé par *lui-même*. In-18. Agé de vingt-quatre ans. Au bas cinq lignes en latin, elles commencent par *Petrus* et finissent par le chiffre 24.

WURTZ (Jean-Frédéric), marchand de Strasbourg et doyen des ammeistres (échevins) de cette ville.

N. In-fol. D. à dr. Avec trois lignes de titres en allemand. Il tient dans la main une lettre où ses noms sont écrits en français. .

Y

YSABEAU (B.), religieuse.
Jaspar *Isac* f. In-12.

Z

ZELL (Mathias), *Zellius,* théologien, pasteur à Strasbourg, né en 1477 à Kaysersberg (Haut-Rhin), mort à Strasbourg le 9 janvier 1548.

1. R. *B. (Robert Boissard)* sc. In-8.
2. H. *H. (Henri Hondius)* excudit. In-4.
3. N. En petit. De profil à g. Au bas ces lignes :

Mathias Zellius, | theol. Argentorat.

ZENTGRAVE (Jean-Joachim), *Zentgravius,* théologien luthérien, professeur à l'université de Strasbourg, né dans cette ville le 21 mars 1643, mort dans la même ville le 28 novembre 1707.

N. In-fol. La main droite posée sur la poitrine, et tenant de la main gauche un livre appuyé sur une table.

ZURLAUBEN (Mme DE), Julie de Sainte-Maure, fille d'honneur de Madame la Dauphine, épousa en 1690 Béat-Jacques de Zurlauben, etc. Elle mourut à Paris le 3 juillet 1694.

R. *Bonnart* del., H. *Bonnart* exc., 1694. En pied. In-fol.

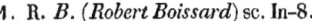

FIN.

www.ingramcontent.com/pod-product-compliance
Lightning Source LLC
Chambersburg PA
CBHW071556220526

45469CB00003B/1030